AF281396

Heinz Duthel

"Bargeldloser Tsunami"

"Rette Dein Ersparnisse vor der kommenden Apokalypse!"

"Blockchain oder Bankrott: Entscheide Dich Jetzt!"

Impressum

Bibliografische Information der Deutschen Nationalbibliothek:
Die Deutsche Nationalbibliothek verzeichnet diese Publikation in der Deutschen Nationalbibliografie; detaillierte bibliografische Daten sind im Internet über http://dnb.dnb.de abrufbar.

© 2024 Heinz Duthel

Lektorat: TikTokNews

Korrektorat: Dr. Berhard Braun, IHK

Herstellung und Verlag: BoD – Books on Demand, Norderstedt

ISBN: 9783758374494

9 783758 374494

"Die Zukunft ist bargeldlos: Bitcoin und Blockchain als Wegbereiter"

Einführung

Das Buch wird eine Mischung von Tönen annehmen, die von informativ bis gesprächig reichen, und als eine Reihe von Essays strukturiert sein, die eine Kombination aus historischen, technischen, praktischen und zukunftsorientierten Themen abdecken.

VORWORT:

"Bargeldloser Tsunami"

"Rette Dein Ersparnisse vor der kommenden Apokalypse!"
"Blockchain oder Bankrott: Entscheide Dich Jetzt!"

Die Notwendigkeit, sich mit digitalen Währungen abzusichern

In einer Welt, in der Bargeld zunehmend an Bedeutung verliert und Banken ihre traditionellen Dienstleistungen einstellen, ist es an der Zeit, sich mit digitalen Währungen abzusichern. Das Schild "Wir akzeptieren kein Bargeld" ist mittlerweile ein häufiger Anblick, und Banken schließen ihre Filialen und nehmen ihre Geldautomaten außer Betrieb. Diese Veränderungen erfordern, dass wir unsere Ersparnisse und Reserven auf neue Weise schützen, ohne den Zugriff des Staates zu ermöglichen.

Die Sicherheit digitaler Währungen

Eine Möglichkeit, dies zu tun, ist die Nutzung digitaler Währungen. Anstelle eines herkömmlichen Girokontos können Bürger ein digitales Euro-Konto eröffnen. Im Gegensatz zu traditionellen Konten bietet ein Konto mit digitaler Währung zusätzliche Sicherheit für den Inhaber. Transaktionen sind verschlüsselt und anonym, was die Gefahr von Betrug und Diebstahl verringert. Selbst bei verdeckten Transaktionen, sei es für den Kauf von Gütern oder das Sparen für den Urlaub, bietet eine digitale Karte mit digitaler Währung eine sichere und praktische Lösung.

Die Dringlichkeit des Handelns

Es ist wichtig, sofort zu handeln. Wenn der digitale Euro eingeführt wird, könnten bisherige digitale Konten nicht mehr für Transaktionen genutzt werden. Daher ist es ratsam, sich bereits jetzt mit digitalen Währungen vertraut zu machen und entsprechende Konten zu eröffnen.

Praktische Anwendung: Das Thailand Elite Visum

Ein Beispiel für die praktische Anwendung von Kryptowährungen ist die Bezahlung des Thailand Elite Visums. Durch die Nutzung digitaler Währungen können Bürger nun auch komplexe Transaktionen wie die Bezahlung eines Visums für Thailand problemlos durchführen. Diese Flexibilität und Effizienz sind nur einige der Vorteile, die digitale Währungen bieten.

Ausblick: Die Einführung des digitalen Euros

Die Europäische Zentralbank plant die Einführung eines digitalen Euros, wobei Experten frühestens im Jahr 2026 und eher im Jahr 2028 damit rechnen. Derzeit befindet sich die EZB in einer zweijährigen Vorbereitungsphase, um die rechtlichen und technischen Grundlagen für die Einführung einer digitalen Variante der Gemeinschaftswährung zu schaffen.

In Anbetracht dieser Entwicklungen ist es unerlässlich, dass Bürger sich jetzt mit digitalen Währungen vertraut machen und ihre finanziellen Angelegenheiten entsprechend absichern. Die Zukunft des Zahlungsverkehrs ist digital, und wer jetzt handelt, kann sicherstellen, dass er nicht den Anschluss verliert und seine finanzielle Sicherheit gewährleistet ist.

Mining - Die Kunst der Bitcoins

Einführung in das Bitcoin-Mining

Bitcoin-Mining ist ein faszinierender Prozess, der im Herzen des Bitcoin-Netzwerks steht. Es ist die Methode, durch die neue Bitcoins in Umlauf gebracht und Transaktionen innerhalb des Netzwerks verifiziert werden. Doch Mining ist mehr als nur eine Methode zur Erzeugung neuer Münzen; es ist eine Kunst, die technisches Verständnis, strategische Planung und ein tiefes Bewusstsein für die operative Dynamik des Bitcoin-Ökosystems erfordert.

Was wird benötigt?

Bevor man mit dem Mining beginnen kann, sind einige grundlegende Anforderungen zu erfüllen:

Geeigneter Hardware: Früher war es möglich, mit einem einfachen PC zu minen, doch die Zeiten haben sich geändert. Heute benötigt man spezialisierte Hardware, sogenannte ASIC-Miner (Application-Specific Integrated Circuit), die für das Mining von Bitcoins konzipiert wurden.
Zugang zu günstiger Energie: Energie ist einer der größten laufenden Kostenfaktoren beim Mining. Der Zugang zu günstiger Energie kann den Unterschied zwischen Gewinn und Verlust ausmachen.
Eine effiziente Mining-Software: Neben der Hardware ist auch die richtige Software entscheidend. Diese verbindet die Miner mit dem Netzwerk und ermöglicht es ihnen, ihre Arbeit effizient zu verrichten.
Kühlung und Ventilation: Angesichts der enormen Wärmemenge, die bei der Arbeit der Mining-Hardware entsteht, sind ein gutes Kühl- und Belüftungssystem unerlässlich.

Der Energieverbrauch

Der Energieverbrauch beim Mining ist beträchtlich. Jede Transaktionsverifizierung und jeder Mining-Vorgang erfordern eine signifikante Menge an Rechenleistung, was direkt zu hohem Stromverbrauch führt. Dies hat zu Diskussionen über die Umweltauswirkungen des Minings geführt, insbesondere in Regionen, in denen Strom aus fossilen Brennstoffen gewonnen wird.

Mining in verschiedenen Regionen der Welt

Die Geografie spielt eine entscheidende Rolle im Mining-Geschäft. In Ländern wie China, wo der Zugang zu günstiger Energie und spezialisierter Hardware vereinfacht ist, hat sich eine massive Mining-Industrie entwickelt. Andererseits bieten Länder in Mittelafrika oder Südostasien, trotz ihres Potenzials für erneuerbare Energien, aufgrund infrastruktureller und regulatorischer Herausforderungen unterschiedliche Bedingungen für Miner.

Die Möglichkeit kostenloser Energie

In einigen Teilen der Welt experimentieren Miner mit der Nutzung erneuerbarer Energien, um die Kosten zu senken und die Umweltauswirkungen zu minimieren. Wasserkraft, Windenergie und Solarenergie sind beliebte Optionen für das umweltfreundliche Mining. Dies hat zu einem neuen Paradigma geführt, in dem Mining nicht nur wirtschaftlich

tragfähig, sondern auch ökologisch nachhaltig
sein kann.

Abschluss

Bitcoin-Mining ist eine komplexe und
energieintensive Operation, die jedoch
entscheidend für die Aufrechterhaltung und
Sicherheit des Bitcoin-Netzwerks ist. Während die
Suche nach effizienteren und
umweltfreundlicheren Mining-Methoden
weitergeht, bleibt die Kunst des Minings ein
zentraler Pfeiler in der Welt der
Kryptowährungen. Für viele ist es ein Weg, in die
Kryptowelt einzusteigen, für andere ein
Vollzeitberuf. Doch unabhängig vom Ansatz
erfordert erfolgreiches Mining Wissen,
Vorbereitung und eine ständige Anpassung an die
sich wandelnde Landschaft der digitalen
Währungen.

Kapitel 1: Einführung in Bitcoin und Blockchain

Die Revolution von Bitcoin und Blockchain

Die Einführung von Bitcoin im Jahr 2009 durch eine unbekannte Person oder Gruppe, die unter dem Pseudonym Satoshi Nakamoto auftrat, markierte den Beginn einer neuen Ära in der Finanzwelt. Bitcoin, die erste Kryptowährung, wurde als direkte Antwort auf die Finanzkrise von 2008 konzipiert. Sie zielte darauf ab, ein dezentralisiertes Zahlungssystem zu schaffen, das unabhängig von traditionellen Banken und Regierungen funktioniert. Dieses Kapitel bietet einen umfassenden Überblick über die Entstehung von Bitcoin und die zugrunde liegende Blockchain-Technologie, ihre Bedeutung für die modernen Finanzsysteme und die Art und Weise, wie sie das Konzept des digitalen Vertrauens revolutioniert haben.

Der Ursprung von Bitcoin: Ein neues Paradigma

Die Veröffentlichung des Bitcoin-Whitepapers "Bitcoin: A Peer-to-Peer Electronic Cash System" im Jahr 2008 stellte eine radikale Neuerung dar. Satoshi Nakamoto präsentierte eine detaillierte Beschreibung eines Systems, das es ermöglicht, Online-Zahlungen direkt von einer Partei zur anderen zu senden, ohne durch eine Finanzinstitution zu gehen. Diese Idee war revolutionär, da sie eine Lösung für das Double-Spending-Problem ohne die Notwendigkeit eines vertrauenswürdigen Dritten bot.

Blockchain: Das Herzstück von Bitcoin

Die Blockchain-Technologie ist das Fundament, auf dem Bitcoin aufbaut. Sie ist eine dezentrale Datenbank oder ein öffentliches Ledger, das alle Bitcoin-Transaktionen aufzeichnet. Jeder Block in der Kette enthält eine Liste von Transaktionen, und einmal hinzugefügt, werden die Daten unveränderlich, was eine hohe Sicherheit und Transparenz gewährleistet. Die dezentrale Natur der Blockchain bedeutet, dass keine einzelne Entität die Kontrolle über das gesamte Netzwerk hat, was zu einem robusten System führt, das gegen Zensur und Manipulation resistent ist.
Die Bedeutung für Finanzsysteme

Bitcoin und Blockchain haben das Potenzial, die Art und Weise, wie wir Geld betrachten und verwenden, grundlegend zu verändern. Durch die Beseitigung von Zwischenhändlern ermöglichen sie schnellere und kostengünstigere Transaktionen im Vergleich zu traditionellen

Banküberweisungen, besonders bei internationalen Transfers. Darüber hinaus bieten sie eine Alternative zu Fiat-Währungen in Ländern mit hyperinflationären Wirtschaften oder restriktiven Finanzregimes, indem sie einen stabileren Wert speichern und den Transfer von Vermögenswerten erleichtern.

Digitales Vertrauen und Dezentralisierung

Ein Kernaspekt von Bitcoin und Blockchain ist die Verschiebung von Vertrauen weg von zentralisierten Institutionen hin zu einem System, das auf kryptografischen Prinzipien basiert. Dieses System ermöglicht es den Nutzern, Transaktionen sicher und ohne die Notwendigkeit eines Mittelsmanns durchzuführen. Die dezentrale Struktur der Blockchain sorgt für eine transparente und faire Umgebung, in der alle Teilnehmer die Integrität des Systems verifizieren können.

Bitcoin-Mining: Die Sicherung des Netzwerks

Bitcoin-Mining ist der Prozess, durch den neue Bitcoins erschaffen und Transaktionen im Netzwerk bestätigt werden. Miner konkurrieren darum, komplexe kryptografische Rätsel zu lösen, um den nächsten Block zur Blockchain hinzuzufügen. Als Belohnung erhalten sie neu geprägte Bitcoins sowie Transaktionsgebühren. Dieser Mechanismus nicht nur sichert das Netzwerk und verhindert Doppelausgaben, sondern fördert auch die Dezentralisierung und Verteilung der Netzwerkleistung.

Herausforderungen und Kritik

Trotz seines revolutionären Potenzials steht Bitcoin auch vor Herausforderungen, einschließlich Skalierbarkeitsproblemen, hoher Volatilität und Bedenken hinsichtlich des Energieverbrauchs beim Mining. Darüber hinaus hat die Anonymität von Bitcoin Bedenken hinsichtlich seiner Verwendung für illegale Aktivitäten aufgeworfen. Dennoch arbeitet die Gemeinschaft kontinuierlich an Lösungen für diese Probleme, um die Technologie weiterzuentwickeln und für eine breitere Akzeptanz vorzubereiten.

Abschluss und Ausblick

Bitcoin und Blockchain stehen immer noch am Anfang ihrer Entwicklung und haben bereits bedeutende Auswirkungen auf die Finanzwelt und darüber hinaus. Ihr Potenzial, Transparenz zu erhöhen, Effizienz zu steigern und das Vertrauen in digitale Transaktionen zu stärken, ist enorm. Während wir in die Zukunft blicken, bleibt die Frage nicht, ob Bitcoin und Blockchain weiterhin eine Rolle in unserem Wirtschaftssystem spielen werden, sondern wie tiefgreifend ihr Einfluss sein wird.

Mit diesem fundierten Verständnis von Bitcoin und Blockchain als Grundlage werden die folgenden Kapitel tiefer in technische Details, wirtschaftliche Auswirkungen, rechtliche Rahmenbedingungen und die zukünftige Entwicklung dieser Technologien eintauchen.

Kapitel 2: Die Genesis von Bitcoin
Die Entstehung einer Idee

Im Kern der Entstehung von Bitcoin liegt eine tiefgreifende Unzufriedenheit mit dem bestehenden Finanzsystem, wie es sich in der globalen Finanzkrise von 2008 offenbarte. Diese Krise verdeutlichte die inhärenten Schwächen zentralisierter Finanzinstitutionen und die Gefahren, die entstehen, wenn zu viel Vertrauen und Macht in die Hände weniger gelegt wird. In diesem Kontext entstand Bitcoin als eine Antwort auf das Bedürfnis nach einem alternativen, dezentralisierten Währungssystem, das frei von der Kontrolle durch Regierungen und Banken ist.

Satoshi Nakamoto: Das Mysterium hinter Bitcoin

Satoshi Nakamoto, dessen wahre Identität bis heute ein Geheimnis bleibt, veröffentlichte am 31. Oktober 2008 das Whitepaper "Bitcoin: A Peer-to-Peer Electronic Cash System". Dieses Dokument beschrieb die technischen Grundlagen eines dezentralisierten digitalen Währungssystems, das auf einer Peer-to-Peer-Netzwerkstruktur basiert. Nakamotos Vision war es, ein System zu schaffen, in dem elektronische Transaktionen direkt zwischen den Parteien ohne die Notwendigkeit einer vertrauenswürdigen dritten Partei durchgeführt werden können.

Die ersten Schritte von Bitcoin

Am 3. Januar 2009 wurde der Genesis-Block von Bitcoin, Block 0, von Satoshi Nakamoto gemined. Dieser erste Block enthielt eine versteckte Botschaft: "The Times 03/Jan/2009 Chancellor on brink of second bailout for banks." Diese Nachricht dient nicht nur als Zeitstempel, sondern auch als kritische Bemerkung zur damaligen finanziellen Instabilität und den Rettungsaktionen für Banken. Mit dem Mining dieses ersten Blocks begann das Bitcoin-Netzwerk offiziell zu funktionieren.

Die Philosophie hinter Bitcoin

Das Konzept von Bitcoin basiert auf den Prinzipien der Dezentralisierung, Transparenz und Autonomie. Es zielt darauf ab, eine Alternative zum traditionellen Bankensystem zu bieten, indem es eine Währung schafft, die außerhalb der Kontrolle von staatlichen Institutionen und Finanzmärkten operiert. Die

Technologie soll den Nutzern volle Kontrolle über ihre finanziellen Mittel geben und gleichzeitig ein hohes Maß an Sicherheit und Anonymität gewährleisten.

Die ersten Jahre und die wachsende Gemeinschaft

In den Anfangsjahren war Bitcoin hauptsächlich ein Experiment unter Kryptographie-Enthusiasten und Softwareentwicklern. Doch mit der Zeit begann die Idee, ein breiteres Publikum anzuziehen. Foren wie Bitcointalk.org und die erste Bitcoin-Börse, BitcoinMarket.com, spielten eine entscheidende Rolle bei der Bildung der frühen Bitcoin-Gemeinschaft. Die erste bekannte kommerzielle Transaktion mit Bitcoin war der Kauf von zwei Pizzas im Mai 2010 für 10.000 BTC, ein Ereignis, das heute als "Bitcoin Pizza Day" gefeiert wird.

Herausforderungen und Kritik

Obwohl Bitcoin von Anfang an als revolutionäre Technologie gefeiert wurde, sah es sich auch mit Skepsis und Kritik konfrontiert. Bedenken hinsichtlich seiner Skalierbarkeit, Volatilität und des potenziellen Missbrauchs für illegale Aktivitäten wurden laut. Trotz dieser Herausforderungen hat Bitcoin jedoch überlebt und ist gewachsen, was seine Resilienz und das wachsende Vertrauen in seine zugrunde liegende Technologie beweist.

Der Einfluss von Satoshi Nakamoto

Obwohl Satoshi Nakamoto sich irgendwann aus dem Projekt zurückzog und die Kontrolle über Bitcoin an andere Entwickler übergab, bleibt das Vermächtnis des anonymen Erfinders prägend für die Philosophie und Entwicklung von Bitcoin. Nakamotos Vision von einem dezentralen, autonomen Finanzsystem lebt in der stetig wachsenden Bitcoin-Gemeinschaft weiter.

Abschluss

Die Genesis von Bitcoin ist nicht nur die Geschichte der Entstehung einer digitalen Währung, sondern auch ein bedeutendes Kapitel in der Entwicklung des Internets und der digitalen Ökonomie. Es repräsentiert den Beginn einer Bewegung, die darauf abzielt, die Machtstrukturen innerhalb der globalen Finanzsysteme herauszufordern und zu reformieren. Durch die Schaffung eines offenen, dezentralisierten Netzwerks hat Bitcoin die Tür zu neuen Möglichkeiten der finanziellen Interaktion und Autonomie geöffnet.

Diese detaillierte Betrachtung der Anfänge von Bitcoin und der Vision seines mysteriösen Schöpfers bietet einen tiefen Einblick in die Prinzipien und Hoffnungen, die diese revolutionäre Technologie antreiben. Im nächsten

Kapitel werden wir uns näher mit der Blockchain-Technologie befassen, dem Herzstück, das Bitcoin und viele nachfolgende Kryptowährungen ermöglicht.

Kapitel 3: Blockchain: Die Technologie hinter Bitcoin

Einführung

Die Blockchain-Technologie ist das fundamentale Gerüst, das nicht nur Bitcoin, sondern eine ganze Reihe von Kryptowährungen und digitalen Anwendungen ermöglicht. Sie stellt eine radikale Abkehr von traditionellen zentralisierten Datenverarbeitungssystemen dar und bietet eine neue Form der Datenspeicherung und -übertragung, die auf den Prinzipien der Dezentralisierung, Transparenz und Sicherheit basiert. Dieses Kapitel erläutert die technische Funktionsweise der Blockchain, wie Transaktionen aufgezeichnet werden und warum sie als besonders sicher gilt.

Was ist Blockchain?

Eine Blockchain ist im Grunde ein verteiltes Ledger (Hauptbuch) oder eine Datenbank, die über ein Netzwerk von Computern, auch Knoten genannt, verteilt ist. Jeder Block in der Kette enthält eine Reihe von Transaktionen, die durch kryptografische Verfahren gesichert sind. Sobald ein Block mit Daten gefüllt ist, wird er dauerhaft in der Kette gespeichert und kann nicht mehr verändert werden. Dies gewährleistet die

Unveränderlichkeit und Nachverfolgbarkeit jeder Transaktion.

Die Architektur der Blockchain

Die Blockchain-Struktur besteht aus einzelnen Blöcken, die jeweils einen kryptografisch gesicherten Hash des vorherigen Blocks, einen Zeitstempel und Transaktionsdaten enthalten. Diese Verkettung sorgt dafür, dass jede Änderung eines Blocks die nachfolgenden Blöcke ungültig machen würde, was eine hohe Sicherheit gegen Manipulationen bietet.

Konsensmechanismen

Ein zentraler Aspekt der Blockchain-Technologie ist der Konsensmechanismus, der es dem Netzwerk ermöglicht, Einigkeit darüber zu erzielen, welche Blöcke zur Kette hinzugefügt werden sollen. Der bekannteste Mechanismus ist der Proof-of-Work (PoW), der im Bitcoin-Netzwerk verwendet wird. PoW erfordert von Minern, eine rechenintensive kryptografische Aufgabe zu lösen, um das Recht zu erlangen, einen neuen Block zu erstellen. Dieser Prozess sichert das Netzwerk und verhindert betrügerische Aktivitäten wie das Doppelausgeben von Münzen.

Sicherheit durch Kryptografie

Die Sicherheit der Blockchain basiert auf fortschrittlicher Kryptografie. Jede Transaktion wird mit einem digitalen Signaturenschema signiert, das die Identität des Senders bestätigt, ohne sensible Informationen preiszugeben. Zudem stellt der Hashing-Prozess, durch den jeder Block mit dem vorherigen verbunden ist, sicher, dass jede Veränderung in der Historie der Blockchain sofort erkennbar wäre, was die Integrität des Ledgers garantiert.

Dezentralisierung und Transparenz

Im Gegensatz zu traditionellen zentralisierten Systemen, bei denen eine einzige Entität die Kontrolle hat, wird die Blockchain von einem Peer-to-Peer-Netzwerk verwaltet. Dies bedeutet, dass alle Transaktionen öffentlich aufgezeichnet und für jeden Netzwerkteilnehmer einsehbar sind, wodurch ein hohes Maß an Transparenz gewährleistet wird. Gleichzeitig macht die Dezentralisierung das System widerstandsfähiger gegen Ausfälle und Angriffe, da es keinen zentralen Angriffspunkt gibt.

Die Rolle von Smart Contracts

Neben der Aufzeichnung von Transaktionen ermöglicht die Blockchain-Technologie auch die Implementierung von Smart Contracts. Diese selbstausführenden Verträge werden direkt in die Blockchain geschrieben und automatisch ausgeführt, wenn vordefinierte Bedingungen erfüllt sind. Smart Contracts eröffnen vielfältige Anwendungsmöglichkeiten über Finanztransaktionen hinaus, einschließlich automatisierter Governance-Systeme und dezentraler Anwendungen (dApps).

Herausforderungen und Weiterentwicklungen

Trotz ihrer vielen Vorteile steht die Blockchain-Technologie vor Herausforderungen wie Skalierbarkeit, Energieverbrauch (insbesondere bei PoW) und der Integration mit bestehenden rechtlichen und finanziellen Rahmenbedingungen. Die Blockchain-Gemeinschaft arbeitet jedoch kontinuierlich an Lösungen, einschließlich neuer Konsensalgorithmen wie Proof-of-Stake (PoS), die eine effizientere und umweltfreundlichere Alternative zu PoW darstellen.

Abschluss

Die Blockchain-Technologie hinter Bitcoin repräsentiert einen bedeutenden Fortschritt in der Art und Weise, wie Informationen aufgezeichnet, gespeichert und übertragen werden. Durch ihre einzigartige Kombination aus Dezentralisierung, Sicherheit und Transparenz bietet sie das Potenzial, nicht nur das Finanzwesen, sondern auch viele andere Sektoren der Gesellschaft zu transformieren. Während Herausforderungen bestehen, ist das Streben nach Innovation und Verbesserung ein Beweis für die Robustheit und das transformative Potenzial der Blockchain-Technologie.

Kapitel 4: Kryptografie in Bitcoin

Einführung

Die Kryptografie ist das Herzstück der Sicherheit und Funktionalität von Bitcoin und der Blockchain-Technologie. Sie ermöglicht sichere Transaktionen zwischen Parteien in einem offenen Netzwerk und schützt vor Manipulationen. Dieses Kapitel konzentriert sich auf die Rolle der Kryptografie in der Blockchain, insbesondere auf das Konzept der öffentlichen und privaten Schlüssel, und erklärt, wie diese Technologie Sicherheit und Vertrauen in das digitale Zeitalter bringt.

Grundlagen der Kryptografie in der Blockchain

Kryptografie ist die Wissenschaft der Verschlüsselung von Informationen. In der Blockchain wird sie verwendet, um Transaktionen zu signieren, die Identität von Teilnehmern zu verifizieren und Daten sicher zu speichern. Die zwei Hauptkomponenten der Kryptografie in Bitcoin sind Hash-Funktionen und das Konzept der öffentlichen und privaten Schlüssel.

Hash-Funktionen

Eine Hash-Funktion ist eine mathematische Funktion, die Daten beliebiger Größe in eine Zeichenfolge fester Länge (den "Hash") umwandelt. In Bitcoin wird der SHA-256-Algorithmus verwendet, um Transaktionen und Blöcke zu hashen. Hashes sind einwegig und einzigartig: Selbst die kleinste Änderung der Eingabedaten führt zu einem völlig anderen Hash, und es ist praktisch unmöglich, aus dem Hash-Wert auf die ursprünglichen Daten zu schließen. Dies trägt zur Sicherheit und Unveränderlichkeit der Blockchain bei.

Öffentliche und private Schlüssel

Das Konzept der öffentlichen und privaten Schlüssel ist fundamental für die Sicherheit in der Blockchain. Jeder Benutzer besitzt ein Schlüsselpaar: einen öffentlichen Schlüssel, der geteilt werden kann und als Adresse für den Empfang von Bitcoins dient, und einen privaten Schlüssel, der geheim gehalten wird und zur Autorisierung von Transaktionen verwendet wird. Der private Schlüssel generiert eine digitale Signatur für jede Transaktion, die mit dem öffentlichen Schlüssel des Benutzers verifiziert werden kann, ohne den privaten Schlüssel preiszugeben.

Digitale Signaturen

Digitale Signaturen sind ein wesentlicher Bestandteil der Kryptografie in Bitcoin. Sie stellen sicher, dass Transaktionen nur vom Besitzer der Bitcoins autorisiert wurden. Eine digitale Signatur wird erzeugt, indem der Hash einer Transaktion mit dem privaten Schlüssel des Senders verschlüsselt wird. Jeder im Netzwerk kann die Signatur mit dem öffentlichen Schlüssel des Senders überprüfen, was die Authentizität und Unverfälschtheit der Transaktion bestätigt.

Sicherheit durch Kryptografie

Die Verwendung von Kryptografie ermöglicht es Bitcoin, Sicherheit auf mehreren Ebenen zu gewährleisten. Erstens garantiert die Einzigartigkeit digitaler Signaturen, dass nur der Besitzer der Bitcoins Transaktionen mit diesen Mitteln durchführen kann. Zweitens sorgt die Unveränderlichkeit der Blockchain dafür, dass einmal bestätigte Transaktionen nicht rückgängig gemacht oder verändert werden können. Schließlich ermöglicht die Transparenz des Systems, dass alle Transaktionen im Netzwerk überprüfbar und nachvollziehbar sind, was Vertrauen schafft.

Herausforderungen und Weiterentwicklungen

Während die Kryptografie eine robuste Sicherheitsebene für Bitcoin und Blockchain bietet, stehen diese Technologien vor Herausforderungen, insbesondere in Bezug auf die Skalierbarkeit und die potenzielle Bedrohung durch Quantencomputing, das die Fähigkeit besitzen könnte, kryptografische Algorithmen zu brechen. Die Blockchain-Gemeinschaft erforscht ständig neue kryptografische Methoden und Konsensmechanismen, um diese Herausforderungen zu adressieren und das System sicherer, effizienter und widerstandsfähiger gegen zukünftige Bedrohungen zu machen.

Abschluss

Die Kryptografie ist ein unverzichtbarer Bestandteil von Bitcoin und der Blockchain-Technologie. Sie ermöglicht nicht nur sichere und vertrauenswürdige Transaktionen in einem dezentralen Netzwerk, sondern trägt auch dazu bei, die Grundprinzipien der Unveränderlichkeit, Transparenz und Sicherheit zu wahren, die für das Funktionieren und die Akzeptanz von Kryptowährungen entscheidend sind. Während die Technologie weiterhin auf die Probe gestellt wird, bleibt die Kryptografie der Schlüssel zur Lösung von Sicherheitsproblemen und zur Förderung des Vertrauens in die digitale Währungslandschaft.

Kapitel 5: Mining: Das Rückgrat von Bitcoin

Einführung

Bitcoin-Mining ist ein entscheidender Prozess, der die Integrität, Sicherheit und Fortführung des Bitcoin-Netzwerks gewährleistet. Es umfasst die Validierung von Transaktionen und die Erstellung neuer Blöcke in der Blockchain. Während dieses Prozesses werden komplexe mathematische Probleme gelöst, um das Netzwerk zu sichern und gleichzeitig neue Bitcoins zu generieren. Dieses Kapitel untersucht die Funktionsweise des Bitcoin-Minings, seine Rolle bei der Validierung von Transaktionen und der Sicherung der Blockchain sowie die damit verbundenen Auswirkungen auf den Energieverbrauch.

Die Funktionsweise des Bitcoin-Minings

Mining basiert auf dem Proof-of-Work (PoW)-Konsensmechanismus, der von Minern verlangt, komplexe kryptografische Rätsel zu lösen, um einen neuen Block zur Blockchain hinzuzufügen. Der erste Miner, der das Rätsel löst, darf den Block zusammen mit allen darin enthaltenen Transaktionen validieren und wird mit einer bestimmten Anzahl neuer Bitcoins belohnt. Dieser Prozess erfordert erhebliche Rechenleistung und Energie, da die Rätsel absichtlich schwierig gestaltet sind, um die Sicherheit des Netzwerks zu gewährleisten.

Validierung von Transaktionen

Einer der Hauptzwecke des Minings ist die Validierung von Bitcoin-Transaktionen. Miner sammeln ausstehende Transaktionen aus dem Netzwerk und bündeln sie in einem Block. Um den Block zur Blockchain hinzuzufügen, müssen sie das PoW-Rätsel lösen. Dieser Prozess stellt sicher, dass alle Transaktionen im Block legitim sind und verhindert doppelte Ausgaben, indem jede Transaktion gegen die bestehende Blockchain geprüft wird.

Sicherung der Blockchain

Mining trägt auch zur Sicherheit der Blockchain bei. Indem Miner kontinuierlich neue Blöcke hinzufügen, schaffen sie eine unveränderliche Kette von Transaktionsdatensätzen. Die Komplexität des PoW-Rätsels stellt sicher, dass es praktisch unmöglich ist, einen Block und die darin enthaltenen Transaktionen nachträglich zu ändern, ohne auch alle nachfolgenden Blöcke neu zu minen, was unermessliche Rechenleistung erfordern würde.

Der Energieverbrauch des Bitcoin-Minings

Eines der kontroversesten Themen im Zusammenhang mit Bitcoin-Mining ist der damit verbundene Energieverbrauch. Der intensive Rechenaufwand, der für das Mining erforderlich ist, hat zu einem signifikanten Energiebedarf geführt, der häufig kritisiert wird. Befürworter argumentieren, dass der Energieverbrauch durch die Sicherheit und Dezentralisierung gerechtfertigt ist, die das Mining dem Bitcoin-Netzwerk bietet, während Kritiker auf die Umweltauswirkungen und die Suche nach nachhaltigeren Lösungen drängen.

Anreize und Belohnungen

Das Belohnungssystem des Bitcoin-Minings dient als Anreiz für Miner, ihre Rechenleistung dem Netzwerk zur Verfügung zu stellen. Die Belohnung besteht aus neu generierten Bitcoins sowie den Transaktionsgebühren der im Block enthaltenen Transaktionen. Dieses Anreizsystem ist entscheidend für die Aufrechterhaltung der Netzwerksicherheit und die kontinuierliche Verarbeitung von Transaktionen.

Die Zukunft des Minings

Mit zunehmender Schwierigkeit der PoW-Rätsel und der Annäherung an die maximale Bitcoin-Menge von 21 Millionen steigt die Diskussion über die Zukunft des Minings. Themen wie die Halbierung der Blockbelohnung, die Skalierbarkeit des Netzwerks und die Suche nach alternativen, energieeffizienteren

Konsensmechanismen wie Proof-of-Stake (PoS) gewinnen an Bedeutung.

Auswirkungen auf den Energieverbrauch

Der hohe Energieverbrauch des Bitcoin-Minings hat zu Bedenken hinsichtlich seiner Nachhaltigkeit geführt. Während einige Miner zu erneuerbaren Energiequellen übergehen, bleibt der Gesamtenergieverbrauch des Netzwerks ein heiß diskutiertes Thema. Es gibt fortlaufende Debatten und Forschungen darüber, wie das Mining effizienter und umweltfreundlicher gestaltet werden kann.

Abschluss

Mining ist eine komplexe, aber entscheidende Komponente des Bitcoin-Netzwerks, die Transaktionen validiert, die Blockchain sichert und neue Bitcoins generiert. Trotz der Herausforderungen, insbesondere in Bezug auf den Energieverbrauch, bleibt Mining ein zentraler Bestandteil der Bitcoin-Infrastruktur. Die kontinuierliche Evolution der Technologie und der Gemeinschaft wird entscheidend sein, um die Balance zwischen Sicherheit, Effizienz und Nachhaltigkeit in der Zukunft des Bitcoin-Minings zu finden.

Kapitel 6: Bitcoin-Wallets und Transaktionen

Einführung

Bitcoin-Wallets sind essenzielle Instrumente im Ökosystem der Kryptowährungen, die Nutzern das Senden, Empfangen und Verwalten ihrer Bitcoins ermöglichen. Sie fungieren als Schnittstelle zur Bitcoin-Blockchain und ermöglichen es, Transaktionen durchzuführen und den Überblick über das vorhandene Guthaben zu behalten. Dieses Kapitel bietet eine Übersicht über die Funktionsweise von Bitcoin-Wallets, die verschiedenen verfügbaren Wallet-Arten und den Prozess der Durchführung von Bitcoin-Transaktionen.

Wie Bitcoin-Wallets funktionieren

Ein Bitcoin-Wallet speichert nicht tatsächlich Bitcoins, da Kryptowährungen ausschließlich innerhalb der Blockchain existieren. Stattdessen verwaltet ein Wallet die privaten Schlüssel – die digitalen Beweismittel für den Besitz von Bitcoins. Jedes Wallet ist mit einer oder mehreren Bitcoin-Adressen verbunden, die aus den öffentlichen Schlüsseln abgeleitet sind. Diese Adressen dienen als Empfangsadressen für Transaktionen.

Arten von Bitcoin-Wallets

Hardware-Wallets: Physische Geräte, die private Schlüssel offline speichern und Transaktionen ermöglichen, ohne dass die Schlüssel das Gerät verlassen. Sie gelten als eine der sichersten Optionen zur Aufbewahrung von Kryptowährungen.

Software-Wallets: Programme, die auf Computern oder mobilen Geräten installiert werden. Sie bieten eine Balance zwischen Bequemlichkeit und Sicherheit. Software-Wallets können weiter in Desktop-Wallets, mobile Wallets und Online-Wallets unterteilt werden.

Paper-Wallets: Physische Dokumente, die die Informationen enthalten, die benötigt werden, um Bitcoin-Adressen zu generieren und auf die zugehörigen privaten Schlüssel zuzugreifen. Obwohl sie als sicher gegen Online-Angriffe gelten, sind sie anfällig für physische Beschädigungen.

Der Prozess der Durchführung von Transaktionen

Transaktionserstellung: Um Bitcoins zu senden, generiert der Sender eine Transaktion, indem er die Empfangsadresse des Empfängers, den Betrag und eine Transaktionsgebühr angibt. Die Gebühr incentiviert Miner, die Transaktion in den nächsten Block aufzunehmen.

Signierung: Der Sender signiert die Transaktion mit seinem privaten Schlüssel, was als digitaler Nachweis dient, dass er der rechtmäßige Besitzer der zu sendenden Bitcoins ist. Übertragung ins Netzwerk: Die signierte Transaktion wird ins Bitcoin-Netzwerk übertragen, wo sie von Minern verifiziert wird. Bestätigung: Sobald die Transaktion in einen Block aufgenommen und dieser Block an die Blockchain angehängt wurde, gilt die Transaktion als bestätigt. Mehrere Bestätigungen erhöhen die Sicherheit, da sie die Unumkehrbarkeit der Transaktion garantieren.

Sicherheitsaspekte

Die Sicherheit eines Bitcoin-Wallets hängt von der Art des Wallets und den getroffenen Sicherheitsmaßnahmen ab. Hardware-Wallets bieten durch ihre Offline-Speicherung der privaten Schlüssel ein hohes Sicherheitsniveau. Bei Software-Wallets ist die Sicherheit durch die Internetverbindung potenziell gefährdet, weshalb zusätzliche Schutzmaßnahmen wie Verschlüsselung und regelmäßige Backups empfohlen werden.

Abschluss

Bitcoin-Wallets sind das Herzstück der Nutzung und Verwaltung von Bitcoins. Sie ermöglichen es Benutzern, Transaktionen durchzuführen, ihre Bestände zu verfolgen und ihre Schlüssel sicher aufzubewahren. Die Wahl des richtigen Wallets ist entscheidend für die Sicherheit und den Komfort im Umgang mit Kryptowährungen. Nutzer sollten ihre Bedürfnisse sorgfältig abwägen und entsprechend eine Wallet-Art wählen, die ihren Anforderungen an Sicherheit und Benutzerfreundlichkeit entspricht.

Kapitel 7: Die Ökonomie von Bitcoin

Grundprinzipien der Bitcoin-Ökonomie

Festes Angebot: Die maximale Anzahl von Bitcoins, die jemals existieren wird, ist auf 21 Millionen begrenzt. Diese Grenze soll bis zum Jahr 2140 erreicht werden. Die Begrenzung ahmt knappe Ressourcen nach und ist ein fundamentaler Unterschied zu Fiat-Währungen, deren Angebot theoretisch unbegrenzt ist.

Halbierungsereignisse: Bis dato haben vier Halbierungen stattgefunden (2012, 2016, 2020 und die nächste wird für 2024 erwartet). Diese Ereignisse haben direkte Auswirkungen auf das Angebot an neuen Bitcoins und beeinflussen dadurch potenziell den Marktpreis.

Historische Preisbewegungen und Halbierungen

2012: Die erste Halbierung reduzierte die Blockbelohnung von 50 auf 25 Bitcoins. Im Jahr darauf erreichte Bitcoin ein damaliges Allzeithoch.
2016: Die zweite Halbierung senkte die Belohnung auf 12,5 Bitcoins. Es folgte ein langsamer, aber stetiger Preisanstieg, der Ende 2017 zu einem spektakulären Bullenmarkt führte.

2020: Die dritte Halbierung setzte die Belohnung auf 6,25 Bitcoins fest. Trotz anfänglicher Unsicherheit durch die globale Pandemie erreichte Bitcoin Ende 2020 und Anfang 2021 neue Höchststände.

Angebot und Nachfrage

Die Wirtschaft von Bitcoin wird stark von den Prinzipien von Angebot und Nachfrage beeinflusst. Die festgelegte Angebotsbegrenzung und die periodischen Halbierungen reduzieren das neue Angebot an Bitcoins, während die Nachfrage durch verschiedene Faktoren wie institutionelle Investitionen, Akzeptanz im Einzelhandel und spekulative Handelsaktivitäten beeinflusst wird.

Inflation und Deflation

Inflation: Im Gegensatz zu Fiat-Währungen, deren Inflationsrate durch Zentralbanken gesteuert wird, ist die Inflationsrate von Bitcoin vorhersehbar und nimmt im Laufe der Zeit ab. Dies führt zu einer deflationären Tendenz, da die Kaufkraft von Bitcoin theoretisch zunimmt.

Deflation: Die deflationäre Natur von Bitcoin ist Gegenstand intensiver Debatten. Kritiker argumentieren, dass dies zu einer Haltung des Hortens führen und den Geldfluss sowie den wirtschaftlichen Austausch behindern könnte.

Auswirkungen auf den Energieverbrauch

Der Mining-Prozess von Bitcoin ist energieintensiv, da er hohe Rechenleistung erfordert. Dies hat zu Bedenken hinsichtlich des ökologischen Fußabdrucks von Bitcoin geführt. Die Debatte um den Energieverbrauch hat die Suche nach nachhaltigeren Mining-Methoden, einschließlich der Verwendung von erneuerbaren Energien, beschleunigt.

Zukünftige Herausforderungen und Perspektiven

Die Zukunft der Bitcoin-Ökonomie wird von zahlreichen Faktoren beeinflusst, einschließlich technologischer Entwicklungen, regulatorischer Maßnahmen und der sich wandelnden Landschaft des globalen Finanzsystems. Während Bitcoin als Pionier der Kryptowährungen weiterhin eine zentrale Rolle spielt, werden seine langfristige Lebensfähigkeit und Akzeptanz von seiner Fähigkeit abhängen, sich an diese Herausforderungen anzupassen.

Fazit

Die Ökonomie von Bitcoin stellt eine faszinierende Mischung aus technologischer Innovation und wirtschaftlichen Prinzipien dar, die sowohl Möglichkeiten als auch Herausforderungen bietet. Während das feste Angebot und die Halbierungsereignisse einzigartige Aspekte darstellen, die den Wert von Bitcoin potenziell unterstützen, bleibt die Debatte über seine langfristige Rolle im Finanzsystem lebendig. Die anhaltende Evolution von Bitcoin und seine Auswirkungen auf Märkte und Gesellschaft werden von Akademikern, Investoren und Regulierungsbehörden weltweit genau beobachtet.

Kapitel 8: Regulatorische und rechtliche Landschaft

Einführung

Die regulatorische und rechtliche Landschaft für Bitcoin und andere Kryptowährungen variiert erheblich von Land zu Land. Aufgrund ihrer dezentralen Natur stellen diese digitalen Währungen eine Herausforderung für traditionelle Finanzsysteme und Regulierungsrahmen dar. Dieses Kapitel untersucht die Reaktionen verschiedener Juris Diktionen auf Bitcoin und die damit verbundenen Herausforderungen bei der Gesetzgebung für dezentralisierte Technologien.

Globale regulatorische Perspektiven

Vereinigte Staaten: In den USA behandelt die Securities and Exchange Commission (SEC) bestimmte Kryptowährungen als Wertpapiere, während das FinCEN (Financial Crimes Enforcement Network) sie als Währungen ansieht, die Geldübertragungsregeln unterliegen. Die CFTC (Commodity Futures Trading Commission) klassifiziert Bitcoin als Ware, was den Weg für Bitcoin-Futures ebnete.

Europäische Union: Die EU hat sich auf eine eher regulative als restriktive Haltung eingestellt, mit dem Fokus auf Anti-Geldwäsche (AML) und Know-Your-Customer (KYC)-Richtlinien. Die Europäische Zentralbank (EZB) betrachtet Kryptowährungen nicht als finanzielle Bedrohung, fordert jedoch eine sorgfältige Überwachung.

Asien: In Asien gibt es eine gemischte Haltung gegenüber Kryptowährungen. Während Japan Bitcoin als legale Zahlungsmethode anerkennt, hat China den Handel mit Kryptowährungen stark eingeschränkt, indem es Börsen schloss und Initial Coin Offerings (ICOs) verbot.

Andere Länder: Andere Länder haben eine breite Palette von Ansätzen, von vollständiger Akzeptanz und Integration in das Finanzsystem bis hin zu vollständigen Verboten.

Herausforderungen bei der Gesetzgebung

Dezentralisierung: Die Dezentralisierung von Bitcoin und anderen Kryptowährungen stellt eine signifikante Herausforderung für traditionelle regulatorische Ansätze dar, die auf zentralisierten Institutionen basieren. Regulierungsbehörden müssen innovative Ansätze entwickeln, um diese Technologien zu überwachen, ohne ihre grundlegenden Prinzipien zu untergraben.

Anonymität: Die teilweise Anonymität von Transaktionen in Kryptowährungen erschwert die Durchsetzung von AML und KYC-Vorschriften. Dies erfordert neue Technologien und Methoden zur Identifizierung und Überwachung von Transaktionen.

Internationale Kooperation: Die globale Natur des Kryptowährungsmarktes erfordert internationale Kooperation und Abstimmung der regulatorischen Ansätze, um Arbitrage und regulatorisches "Shopping" zu vermeiden.

Technologische Entwicklung: Die schnelle Entwicklung der Blockchain-Technologie und neuer Kryptowährungen erschwert es Regulierungsbehörden, aktuell zu bleiben und angemessene Rahmenbedingungen zu schaffen, die Innovation fördern und gleichzeitig Verbraucher schützen.

Regulatorische Entwicklungen und Zukunftsaussichten

Innovative Regulierungsansätze: Einige Länder experimentieren mit Sandbox-Regulierungsansätzen, die es Unternehmen ermöglichen, neue Produkte und Dienstleistungen in einem kontrollierten Umfeld zu testen, bevor vollständige regulatorische Anforderungen angewendet werden.

Zentralbank Digitale Währungen (CBDCs): Die Erkundung und Entwicklung von CBDCs durch Zentralbanken weltweit könnte die Landschaft verändern und neue regulatorische Überlegungen erfordern, insbesondere in Bezug auf die Interaktion mit bestehenden Kryptowährungen.

Globale Standards: Internationale Gremien wie die Financial Action Task Force (FATF) arbeiten an der Entwicklung globaler Standards für die Regulierung von Kryptowährungen, um Geldwäsche und Terrorismusfinanzierung zu bekämpfen.

Fazit

Die regulatorische und rechtliche Landschaft für Bitcoin und Kryptowährungen ist im Fluss und spiegelt die Dynamik und Komplexität dieser neuen Technologie wider. Während Regulierungsbehörden weltweit nach Wegen suchen, diese digitalen Währungen in bestehende Finanzsysteme zu integrieren, ohne ihre Innovation zu ersticken, bleibt die Balance zwischen Freiheit und Kontrolle eine zentrale Herausforderung. Die Zukunft wird zeigen, wie Regulierungsrahmen sich anpassen und entwickeln, um die einzigartigen Eigenschaften und das Potenzial dezentralisierter Technologien zu berücksichtigen.

Kapitel 9: Bitcoins Einfluss auf die Finanzmärkte

Einführung

Seit seiner Einführung im Jahr 2009 hat Bitcoin nicht nur die Welt der Kryptowährungen revolutioniert, sondern auch einen signifikanten Einfluss auf die traditionellen Finanzmärkte ausgeübt. Dieses Kapitel untersucht die Interaktion von Bitcoin mit dem traditionellen Finanzsystem, seine Rolle in Anlageportfolios und seinen Einfluss auf die globalen Finanzmärkte.

Bitcoin und traditionelle Finanzsysteme

Zahlungssysteme: Bitcoin bietet eine alternative Methode für Transaktionen, die unabhängig von zentralen Institutionen wie Banken ist. Seine Implementierung in Zahlungssystemen stellt eine Herausforderung für traditionelle Bankgeschäfte dar, da es schnelle, grenzüberschreitende Zahlungen zu geringeren Gebühren ermöglicht.

Finanzinstitutionen: Trotz anfänglicher Skepsis haben viele Finanzinstitutionen begonnen, Bitcoin und andere Kryptowährungen zu akzeptieren. Einige Banken bieten mittlerweile Kryptowährungsdienste an, und Bitcoin-Futures werden auf regulierten Börsen gehandelt.

Bitcoins Rolle in Anlageportfolios

Diversifikation: Bitcoin wird zunehmend als eine Möglichkeit zur Diversifikation von Anlageportfolios angesehen, da seine Preisbewegungen oft nicht mit traditionellen Anlageklassen wie Aktien und Anleihen korrelieren.

Wertaufbewahrungsmittel: Einige Anleger betrachten Bitcoin als digitales Gold und somit als Wertaufbewahrungsmittel in Zeiten wirtschaftlicher Unsicherheit und Inflation.

Einfluss auf die globalen Finanzmärkte

Marktvolatilität: Die hohe Volatilität von Bitcoin kann Auswirkungen auf die globalen Finanzmärkte haben, insbesondere wenn große institutionelle Anleger beteiligt sind. Preisbewegungen bei Bitcoin können die Marktstimmung beeinflussen und in andere Anlageklassen übergreifen.

Regulierung und Überwachung: Die wachsende Integration von Bitcoin in die Finanzmärkte hat Regulierungsbehörden weltweit dazu veranlasst, ihre Überwachung und

Regulierung von Kryptowährungen zu verstärken. Dies hat wiederum Auswirkungen auf die globalen Finanzmärkte und deren Funktionsweise.

Innovationsförderung: Die Technologie hinter Bitcoin, die Blockchain, hat das Potenzial, die Finanzmärkte zu revolutionieren, indem sie neue Formen der Vermögensverwaltung, des Handels und der Wertübertragung ermöglicht. Dies könnte langfristig zu effizienteren und transparenteren Märkten führen.

Herausforderungen und Risiken

Marktrisiko: Die Volatilität von Bitcoin birgt Risiken für Anleger und kann zu erheblichen Verlusten führen. Zudem besteht das Risiko regulatorischer Änderungen, die den Wert und die Akzeptanz von Bitcoin beeinflussen können.

Sicherheitsrisiken: Die Aufbewahrung und der Handel von Bitcoin bergen Sicherheitsrisiken, einschließlich Hacks und Diebstahl. Dies erfordert fortschrittliche Sicherheitsmaßnahmen von Anlegern und Finanzdienstleistern.

Zukünftige Perspektiven

Institutionelle Adoption: Die zunehmende Akzeptanz von Bitcoin durch institutionelle Anleger könnte seine Rolle als anerkannte

Anlageklasse festigen und seinen Einfluss auf die Finanzmärkte weiter verstärken.

Technologische Entwicklungen: Fortschritte in der Blockchain-Technologie und die Einführung von Verbesserungen wie dem Lightning Network könnten die Effizienz und Skalierbarkeit von Bitcoin-Transaktionen verbessern, was seine Integration in das Finanzsystem erleichtern würde.

Fazit

Bitcoin hat sich von einem experimentellen digitalen Asset zu einem bedeutenden Akteur auf den globalen Finanzmärkten entwickelt. Seine Fähigkeit, traditionelle Finanzsysteme herauszufordern, Portfolios zu diversifizieren und Innovationen zu fördern, unterstreicht sein Potenzial, die Landschaft der globalen Finanzmärkte nachhaltig zu verändern. Während Herausforderungen und Risiken bestehen, deutet die zunehmende Akzeptanz und Regulierung auf eine wachsende Integration von Bitcoin in das traditionelle Finanzökosystem hin.

Kapitel 10: Sicherheit und Risiken

Einführung

Bitcoin, als Pionier der Kryptowährungen, hat das Finanzwesen revolutioniert und bietet Nutzern weltweit neue Möglichkeiten des Geldtransfers und der Investition. Doch mit diesen Möglichkeiten kommen auch neue Sicherheitsrisiken und Herausforderungen. Dieses Kapitel bietet einen umfassenden Überblick über die Sicherheitsaspekte von Bitcoin, identifiziert potenzielle Risiken und Schwachstellen und bietet Strategien zum Schutz der digitalen Vermögenswerte.

Grundlagen der Sicherheit bei Bitcoin

Dezentralisierung: Eines der Kernprinzipien von Bitcoin ist die Dezentralisierung, die es weniger anfällig für zentrale Angriffe oder Kontrollverlust macht. Allerdings verlagert dies auch die Verantwortung für die Sicherheit auf den einzelnen Nutzer.

Verschlüsselung und Private Keys: Bitcoin verwendet fortschrittliche kryptografische Techniken, um Transaktionen zu sichern. Jeder

Benutzer besitzt einen privaten Schlüssel, der Zugang zu seinen Bitcoins ermöglicht. Der Verlust oder Diebstahl dieses Schlüssels kann zum Verlust der Vermögenswerte führen.

Potenzielle Risiken und Schwachstellen

Phishing-Angriffe: Betrüger können versuchen, Zugang zu Wallets zu erlangen, indem sie Nutzer dazu bringen, sensible Informationen wie private Schlüssel preiszugeben.

Malware und Ransomware: Schadsoftware kann darauf abzielen, private Schlüssel von Computern oder mobilen Geräten zu stehlen oder Systeme zu sperren und Lösegeld in Bitcoin zu fordern.

Börsen und Wallet-Dienste: Online-Börsen und Wallet-Dienste können Ziele für Hacker sein. Mehrere hochkarätige Hacks haben zu erheblichen Verlusten geführt.

51%-Angriffe: Theoretisch könnte ein Akteur, der mehr als die Hälfte der Rechenleistung des Netzwerks kontrolliert, Transaktionen manipulieren oder doppelt ausgeben. Allerdings ist dies aufgrund der Größe des Bitcoin-Netzwerks und der damit verbundenen Kosten zunehmend unwahrscheinlich.

Strategien zum Schutz digitaler Vermögenswerte

Sichere Aufbewahrung: Die Verwendung von Hardware-Wallets, die offline arbeiten, bietet einen hohen Schutz gegen Online-Angriffe. Paper-Wallets sind eine weitere Möglichkeit für die langfristige Lagerung.

Starke Passwörter und 2FA: Für Online-Wallets und Börsenkonten sollten starke, einzigartige Passwörter und Zwei-Faktor-Authentifizierung (2FA) verwendet werden.

Regelmäßige Backups: Regelmäßige Backups des Wallets, einschließlich des privaten Schlüssels, können im Falle eines Geräteausfalls oder Verlusts helfen, den Zugang zu den Bitcoins wiederherzustellen.

Vorsicht bei Transaktionen: Überprüfen Sie Adressen sorgfältig und seien Sie skeptisch gegenüber Anfragen, die zu gut klingen, um wahr zu sein, da dies Anzeichen für Betrug sein können.

Bildung und Bewusstsein: Die kontinuierliche Bildung über Sicherheitspraktiken und aktuelle Bedrohungen kann Nutzer besser auf die Sicherung ihrer Vermögenswerte vorbereiten.

Abschluss

Während Bitcoin und andere Kryptowährungen enorme Chancen bieten, kommen sie auch mit einzigartigen Risiken und Herausforderungen. Ein umfassendes Verständnis der Sicherheitsaspekte, potenziellen Risiken und der verfügbaren Schutzmaßnahmen ist entscheidend, um die digitalen Vermögenswerte effektiv zu sichern. Durch die Anwendung bewährter Sicherheitspraktiken und die Aufrechterhaltung eines hohen Bewusstseins für potenzielle Bedrohungen können Bitcoin-Benutzer ihre Vermögenswerte schützen und das volle Potenzial dieser revolutionären Technologie sicher nutzen.

Kapitel 11: Innovationen in der Blockchain-Technologie

Die Blockchain-Technologie hat seit der Einführung von Bitcoin weitreichende Fortschritte gemacht und ist über das ursprüngliche Konzept einer reinen Kryptowährung hinausgewachsen. Heute treibt sie Innovationen in verschiedenen Branchen voran, von Finanzen über Gesundheitswesen bis hin zu Supply Chain Management. Dieses Kapitel beleuchtet signifikante Entwicklungen in der Blockchain-Technologie, insbesondere die Einführung von Ethereum und anderen wichtigen Blockchain-Plattformen, die neue Anwendungsfälle und Funktionalitäten eröffnen.

Ethereum: Smart Contracts und dezentralisierte Anwendungen

Ethereum, eingeführt im Jahr 2015, markiert einen Wendepunkt in der Evolution der Blockchain-Technologie durch die Implementierung von Smart Contracts. Diese selbstausführenden Vertragsklauseln ermöglichen es, automatisierte, vertrauenswürdige Transaktionen und Vereinbarungen ohne zentrale Autorität durchzuführen. Ethereum hat den Weg für dezentralisierte Anwendungen (dApps) geebnet, die auf seiner Plattform laufen, und ein breites Spektrum von Anwendungsfällen abdecken, von Finanzdienstleistungen über Spiele bis hin zu dezentralisierten autonomen Organisationen (DAOs).

Fortschritte in der Skalierbarkeit und Interoperabilität

Layer-2-Lösungen: Projekte wie Lightning Network für Bitcoin und verschiedene Skalierungslösungen für Ethereum, wie Plasma und Rollups, zielen darauf ab, die Transaktionskapazität und -geschwindigkeit zu erhöhen, ohne die zugrundeliegende Blockchain zu belasten.

Interoperable Blockchain-Netzwerke: Plattformen wie Polkadot und Cosmos entwickeln Lösungen, die unterschiedliche Blockchains miteinander verbinden, um die Kommunikation und den Wertetransfer zwischen ihnen zu ermöglichen, wodurch ein dezentrales Internet der Blockchains entsteht.

Datenschutz und Sicherheit

Zk-SNARKs und Zk-STARKs: Zero-Knowledge-Proofs ermöglichen es, Transaktionen zu validieren, ohne sensible Informationen preiszugeben, was die Privatsphäre und Sicherheit auf der Blockchain erhöht.

Quantenresistente Kryptographie: Angesichts der potenziellen Bedrohung durch Quantencomputer entwickeln Forscher quantenresistente Verschlüsselungsmethoden, um die langfristige Sicherheit von Blockchain-Netzwerken zu gewährleisten.

Tokenisierung und Dezentralisierte Finanzen (DeFi)

Tokenisierung von Vermögenswerten: Die Blockchain-Technologie ermöglicht die Tokenisierung realer Vermögenswerte wie Immobilien, Kunst und Wertpapiere, was die Liquidität erhöht und neue Investitionsmöglichkeiten schafft.

DeFi: Dezentralisierte Finanzdienstleistungen auf Blockchain-Basis bieten Alternativen zu traditionellen Bankgeschäften, einschließlich Kreditvergabe, Versicherungen und Vermögensverwaltung, die transparenter, effizienter und zugänglicher sind.

Nachhaltigkeit und soziale Auswirkungen

Blockchain für soziale Güter: Projekte wie die Verwendung von Blockchain für die Nachverfolgung von Spenden, die Sicherstellung der Authentizität von Produkten und die Verbesserung der Transparenz in Lieferketten demonstrieren das Potenzial der Technologie, positive soziale und ökologische Auswirkungen zu erzielen.

Herausforderungen und Zukunftsaussichten

Während die Blockchain-Technologie rasante Fortschritte macht, bleiben Herausforderungen wie Skalierbarkeit, Energieverbrauch und regulatorische Unsicherheiten bestehen. Die Weiterentwicklung der Technologie und die Schaffung globaler Standards sind entscheidend, um diese Herausforderungen zu bewältigen und das volle Potenzial der Blockchain in verschiedenen Sektoren zu entfalten.

Fazit

Die Innovationen in der Blockchain-Technologie gehen weit über Bitcoin hinaus und eröffnen ein breites Spektrum an Anwendungsmöglichkeiten, die die Art und Weise, wie wir interagieren, Geschäfte machen und gesellschaftliche Herausforderungen angehen, revolutionieren können. Während Ethereum und andere Plattformen die Entwicklung von Smart Contracts und dApps vorantreiben, sorgen neue Forschungen und Technologien für verbesserte Skalierbarkeit, Sicherheit und Interoperabilität zwischen verschiedenen Blockchain-Netzwerken. Die Zukunft der Blockchain-Technologie verspricht, sowohl die digitale als auch die physische Welt nachhaltig zu verändern, mit Innovationen, die über die Finanzindustrie hinausgehen und tiefgreifende soziale und ökologische Auswirkungen haben.

Kapitel 12: Smart Contracts und dezentralisierte Anwendungen

Smart Contracts und dezentralisierte Anwendungen (dApps) repräsentieren zwei der revolutionärsten Aspekte der Blockchain-Technologie. Sie erweitern das Potenzial der Blockchain weit über die reine Kryptowährung hinaus und bieten neue Möglichkeiten für automatisierte, transparente und sichere digitale Transaktionen und Anwendungen.

Smart Contracts: Definition und Funktionsweise

Smart Contracts sind selbstausführende Verträge, deren Bedingungen direkt in Codezeilen geschrieben sind. Sie laufen auf der Blockchain und werden automatisch ausgeführt, wenn vordefinierte Bedingungen erfüllt sind, ohne dass eine dritte Partei erforderlich ist. Dieser automatisierte Prozess reduziert die Notwendigkeit von Vermittlern, senkt die Kosten und erhöht die Effizienz von Verträgen.

Technische Grundlagen

Ein Smart Contract besteht aus einem Satz von Regeln und Bedingungen, die in einer programmierbaren Sprache auf der Blockchain codiert sind. Ethereum war die erste Blockchain-Plattform, die Smart Contracts eingeführt hat, mit seiner eigenen Sprache Solidity. Wenn die im Vertrag festgelegten Bedingungen erfüllt sind, führt der Smart Contract die entsprechenden Aktionen aus – wie die Übertragung von Mitteln, die Ausgabe von Tickets oder die Registrierung eines Dokuments.

Anwendungsbereiche

Smart Contracts können in einer Vielzahl von Sektoren eingesetzt werden, darunter:

Finanzwesen: Automatisierung von Zahlungen, Krediten und Derivaten.
Versicherungen: Automatische Schadensregulierung basierend auf verifizierbaren Ereignissen.
Immobilien: Vereinfachung von Kauf-, Verkaufs- und Mietprozessen.
Lieferkettenmanagement: Nachverfolgung der Authentizität und des Zustands von Produkten.

Dezentralisierte Anwendungen (dApps)

Dezentralisierte Anwendungen sind Anwendungen, die auf einer Blockchain-Plattform laufen und durch Smart Contracts ermöglicht werden. Im Gegensatz zu traditionellen Anwendungen, die auf zentralisierten Servern laufen, sind dApps über ein verteiltes Netzwerk von Computern (Nodes) verteilt, was sie widerstandsfähiger gegen Ausfälle und Zensur macht.

Eigenschaften von dApps

Offenheit: Der Code von dApps ist in der Regel Open-Source und für jeden einsehbar.

Dezentralisierung: Keine zentrale Kontrollinstanz; dApps laufen auf einer Peer-to-Peer-Netzwerkstruktur.

Unveränderlichkeit: Einmal auf der Blockchain veröffentlicht, können die Operationen einer dApp nicht geändert oder gelöscht werden.

Tokenisierung: Viele dApps verwenden eigene Tokens oder Kryptowährungen, die für verschiedene Zwecke innerhalb der Anwendung verwendet werden können.

Beispiele für dApps

Finanzielle Dienstleistungen: Börsen, Leihplattformen und Versicherungen ohne zentrale Autorität.

Soziale Netzwerke: Plattformen, die Nutzerdaten schützen und Belohnungen für Beiträge oder Interaktionen anbieten.

Spiele: Spiele, die echtes Eigentum an digitalen Gegenständen durch Blockchain-Technologie ermöglichen.

Herausforderungen und Zukunftsaussichten

Während Smart Contracts und dApps das Potenzial haben, viele Industrien zu revolutionieren, stehen sie auch vor Herausforderungen, wie Skalierbarkeit, Geschwindigkeit und Benutzerfreundlichkeit. Die zunehmende Entwicklung von Layer-2-Lösungen, Cross-Chain-Protokollen und fortschrittlicheren Smart-Contract-Plattformen deutet jedoch auf eine helle Zukunft für diese Technologien hin.

Die kontinuierliche Verbesserung der zugrundeliegenden Technologie und das wachsende Ökosystem von Entwicklern und Anwendern versprechen eine zunehmende Integration von Smart Contracts und dApps in das tägliche Leben, was zu effizienteren, transparenteren und gerechteren Systemen für eine Vielzahl von Anwendungen führt.

Kapitel 13: Dezentralisierte Finanzen (DeFi)

Einführung

Dezentralisierte Finanzen (DeFi) repräsentieren eine innovative Bewegung innerhalb der Blockchain-Technologie, die darauf abzielt, traditionelle Finanzdienstleistungen in ein offenes, transparentes und zugängliches Ökosystem zu transformieren. Durch die Nutzung von Smart Contracts auf Blockchain-Plattformen, insbesondere Ethereum, ermöglicht DeFi die Schaffung von Finanzinstrumenten ohne die Notwendigkeit zentraler Institutionen wie Banken, Versicherungen und Börsen.

Die Bedeutung von DeFi

DeFi stellt das traditionelle Finanzsystem in Frage, indem es Dienstleistungen anbietet, die in vielerlei Hinsicht überlegen sind:

Zugänglichkeit: DeFi macht Finanzdienstleistungen für Menschen weltweit zugänglich, einschließlich derjenigen ohne Zugang zu traditionellen Bankdienstleistungen.
Transparenz: Durch die Blockchain-Technologie sind alle Transaktionen und

Vertragsbedingungen öffentlich einsehbar und nachvollziehbar.

Autonomie: Nutzer haben volle Kontrolle über ihre Vermögenswerte und können direkt ohne Zwischenhändler interagieren.

Innovation: DeFi fördert die Entwicklung neuer Finanzprodukte und -dienstleistungen durch offene und erweiterbare Plattformen.

Kernkomponenten von DeFi

Stablecoins: Digitale Währungen, die an den Wert traditioneller Währungen wie dem US-Dollar gebunden sind, bieten eine stabile Vermögensform in der volatilen Welt der Kryptowährungen.

Kreditplattformen: Ermöglichen das Verleihen und Ausleihen von Kryptowährungen, oft mit Sicherheiten und ohne traditionelle Kreditprüfungen.

Dezentralisierte Börsen (DEXs): Erlauben den Handel von Kryptowährungen direkt zwischen Nutzern, ohne dass eine zentrale Partei den Austausch kontrolliert.

Vermögensverwaltung: Automatisierte Portfoliomanagement-Tools, die Anlagestrategien durchführen, basierend auf vordefinierten Kriterien und Algorithmen.

Beispiele für DeFi-Anwendungen

MakerDAO: Eines der ersten DeFi-Projekte, das es Nutzern ermöglicht, den DAI-Stablecoin gegen ihre Ethereum-Vermögenswerte zu leihen, wodurch ein dezentralisiertes Kreditsystem entsteht.

Compound: Eine automatisierte Kreditvergabeplattform, die Zinssätze algorithmisch basierend auf Angebot und Nachfrage festlegt.

Uniswap: Eine populäre dezentralisierte Exchange, die Liquiditätspools nutzt, um den Handel zwischen verschiedenen Kryptowährungen zu erleichtern.

Herausforderungen und Risiken

Trotz des Potenzials von DeFi gibt es auch Herausforderungen und Risiken:

Smart Contract Sicherheit: Fehler im Code von Smart Contracts können zu erheblichen finanziellen Verlusten führen.

Skalierbarkeit: Die hohe Nachfrage nach DeFi-Anwendungen kann zu Netzwerküberlastungen und hohen Transaktionsgebühren führen.

Regulatorische Unsicherheiten: Die schnelle Entwicklung von DeFi führt zu Fragen bezüglich der Regulierung und der rechtlichen Rahmenbedingungen.

Zukunftsaussichten

DeFi steht noch am Anfang seiner Entwicklung, aber das Wachstum und die Innovation in diesem Sektor deuten auf ein großes Potenzial hin, die Finanzwelt zu revolutionieren. Durch die kontinuierliche Verbesserung der Technologie, die Adressierung von Sicherheits- und Skalierbarkeitsproblemen und die Klärung regulatorischer Fragen könnte DeFi traditionelle Finanzdienstleistungen nachhaltig verändern und ein neues Zeitalter der finanziellen Inklusion und Innovation einläuten.

Fazit

Dezentralisierte Finanzen bieten eine visionäre Alternative zum traditionellen Finanzsystem, mit dem Versprechen, Finanzdienstleistungen demokratischer, transparenter und zugänglicher zu machen. Während Herausforderungen bestehen, treibt die kontinuierliche Innovation in DeFi die Entwicklung neuer Finanztechnologien und -modelle voran, die das Potenzial haben, die Art und Weise, wie Menschen weltweit sparen, investieren und handeln, grundlegend zu verändern.

Kapitel 14: Die Zukunft des Bankwesens und der Blockchain

Einführung

Die Blockchain-Technologie hat das Potenzial, das traditionelle Bankwesen grundlegend zu verändern. Während einige Experten glauben, dass Blockchain das Ende traditioneller Banken bedeuten könnte, sehen andere in ihr eine Chance für Banken, effizienter, transparenter und kundenzentrierter zu werden. Dieses Kapitel untersucht mögliche Zukunftsszenarien für die Interaktion zwischen traditionellen Bankensystemen und der Blockchain-Technologie.

Transformation des Zahlungsverkehrs

Grenzüberschreitende Zahlungen: Blockchain könnte die Art und Weise, wie internationale Transfers durchgeführt werden, revolutionieren, indem sie schnellere und kostengünstigere Überweisungen ermöglicht, im Vergleich zu den derzeitigen Systemen, die oft langsam und teuer sind.

Digitale Zentralbankwährungen (CBDCs): Viele Zentralbanken erforschen oder implementieren bereits CBDCs, die das Potenzial haben, die Effizienz des Zahlungsverkehrs zu steigern und die finanzielle Inklusion zu fördern.

Neugestaltung der Vermögensverwaltung

Tokenisierung von Vermögenswerten: Die Blockchain ermöglicht die Tokenisierung realer Vermögenswerte, was eine feinere Aufteilung, leichtere Übertragbarkeit und verbesserte Liquidität mit sich bringt. Banken könnten diese Technologie nutzen, um neue Anlageprodukte zu schaffen.

Smart Contracts für Kredite und Hypotheken: Durch die Automatisierung von Kreditvergabe und -management könnten Banken Effizienz steigern und Kosten senken. Smart Contracts würden eine schnelle Ausführung von Verträgen ermöglichen, ohne manuellen Aufwand.

Verbesserung der Compliance und der Sicherheit

KYC (Know Your Customer) und AML (Anti-Money Laundering): Blockchain kann den KYC- und AML-Prozess durch eine sichere, unveränderliche Aufzeichnung von Kundeninformationen vereinfachen, wodurch der Compliance-Aufwand und die damit verbundenen Kosten reduziert werden.

Verbesserte Datensicherheit: Die dezentrale Natur der Blockchain macht sie widerstandsfähiger gegen Hacks und Datenlecks, was die Sicherheit von Kundendaten verbessern könnte.
Herausforderungen und Bedenken

Regulatorische Unsicherheiten: Die regulatorische Landschaft für Blockchain und Kryptowährungen ist noch in Entwicklung, was Unsicherheit für traditionelle Banken bedeutet, die diese Technologien einführen möchten.

Technologische Integration: Die Integration von Blockchain in bestehende Bankensysteme stellt eine technische Herausforderung dar und erfordert erhebliche Investitionen in neue Infrastrukturen.

Wettbewerb durch DeFi: Dezentralisierte Finanzdienstleistungen (DeFi) stellen eine direkte Konkurrenz zu traditionellen Bankdienstleistungen dar und könnten Kunden abwerben, die nach alternativen Finanzlösungen suchen.

Zukunftsaussichten

Koexistenz und Integration: Es ist wahrscheinlich, dass traditionelle Banken und Blockchain-Technologien koexistieren und sich gegenseitig ergänzen werden. Banken könnten

Blockchain nutzen, um ihre Dienstleistungen zu verbessern, während sie gleichzeitig ihre Rolle als vertrauenswürdige Vermittler beibehalten.

Innovation und Diversifizierung: Die Blockchain könnte Banken dazu anregen, innovative Produkte und Dienstleistungen zu entwickeln, die über das traditionelle Angebot hinausgehen, um den veränderten Kundenbedürfnissen gerecht zu werden.

Globale Finanzinclusion: Die Kombination aus Blockchain-Technologie und traditionellem Bankwesen könnte die finanzielle Inklusion weltweit vorantreiben, indem sie Menschen ohne Bankzugang finanzielle Dienstleistungen anbietet.

Fazit

Die Zukunft des Bankwesens in der Ära der Blockchain sieht eine Welt vor, in der traditionelle und digitale Finanzsysteme integriert sind, um effizientere, sicherere und inklusivere Finanzdienstleistungen anzubieten. Während Herausforderungen bestehen, bieten die Entwicklungen in der Blockchain-Technologie eine einmalige Gelegenheit für Banken, sich neu zu erfinden und für die digitale Zukunft zu rüsten. Die erfolgreiche Navigation durch diese Transformation wird von der Fähigkeit der Banken abhängen, Innovationen zu adaptieren, regulatorische Herausforderungen zu meistern und auf die sich wandelnden Bedürfnisse ihrer Kunden einzugehen.

Kapitel 15: Kryptowährungsbörsen und Handel

Einführung

Kryptowährungsbörsen sind Plattformen, die den Kauf, Verkauf und Tausch von Kryptowährungen gegen andere digitale Währungen oder traditionelle Währungen wie US-Dollar oder Euro ermöglichen. Diese Börsen sind zentrale Knotenpunkte im Ökosystem der digitalen Währungen und spielen eine entscheidende Rolle in der Liquidität und Preisfindung von Kryptowährungen.

Funktion von Kryptowährungsbörsen

Zentralisierte Börsen (CEX): Funktionieren ähnlich wie traditionelle Börsen und agieren als Vermittler zwischen Käufern und Verkäufern. Sie bieten oft zusätzliche Dienstleistungen wie Wallets und Handelsberatung.

Dezentralisierte Börsen (DEX): Ermöglichen direkte Peer-to-Peer-Transaktionen zwischen Nutzern, ohne dass eine zentrale Autorität erforderlich ist. Sie bieten erhöhte Privatsphäre und Sicherheit, haben aber oft geringere Liquidität und Handelsvolumina.

Handelsstrategien

Day Trading: Involviert den Kauf und Verkauf von Kryptowährungen innerhalb eines einzigen Handelstages, um von kurzfristigen Preisbewegungen zu profitieren.

Swing Trading: Ziel ist es, von Preisschwankungen zu profitieren, indem Positionen über Tage oder Wochen gehalten werden.

HODLing: Eine langfristige Anlagestrategie, bei der Kryptowährungen über Monate oder Jahre gehalten werden, basierend auf der Überzeugung, dass ihr Wert langfristig steigen wird.

Arbitrage: Ausnutzen von Preisunterschieden für dieselbe Kryptowährung auf verschiedenen Börsen.

Überlegungen für Händler

Marktanalyse: Erfolgreicher Handel erfordert eine gründliche Analyse der Markttrends, einschließlich technischer Analyse und Fundamentalanalyse.

Risikomanagement: Setzen von Stop-Loss-Orders und Verwenden von Portfolio-Diversifikation, um potenzielle Verluste zu minimieren.

Gebührenstruktur: Verstehen der Gebühren, die von der Börse erhoben werden, einschließlich Handelsgebühren, Auszahlungsgebühren und Einzahlungsgebühren.

Sicherheit: Wahl von Börsen mit starken Sicherheitsmaßnahmen, wie Zwei-Faktor-Authentifizierung und Cold Storage für Kundeneinlagen.

Herausforderungen und Risiken

Marktvolatilität: Der Kryptomarkt ist bekannt für seine hohe Volatilität, die sowohl Risiken als auch Chancen für Händler birgt.

Regulatorische Unsicherheit: Veränderungen in der regulatorischen Landschaft können erhebliche Auswirkungen auf den Markt haben und erfordern eine fortlaufende Beobachtung.

Sicherheitsrisiken: Börsen sind attraktive Ziele für Hacker. Nutzer sollten die Sicherheitspraktiken einer Börse sorgfältig prüfen, bevor sie sich anmelden.

Zukunft des Kryptohandels

Institutionelle Beteiligung: Das wachsende Interesse von institutionellen Investoren könnte zu erhöhter Liquidität und Stabilität des Marktes führen.

Technologische Innovationen: Fortschritte in der Blockchain-Technologie, wie z.B. die Entwicklung von DeFi und verbesserten Handelsalgorithmen, könnten neue Handelsmöglichkeiten eröffnen.

Globalisierung: Kryptowährungen ermöglichen einen globalen Markt, der rund um die Uhr operiert, was neue Handelsdynamiken und -strategien erfordert.

Fazit

Kryptowährungsbörsen und -handel bilden das Rückgrat des digitalen Währungsmarktes und bieten eine Plattform für den Austausch und die Preisfindung von Kryptowährungen. Während der Handel mit digitalen Währungen erhebliche Gewinnmöglichkeiten bietet, ist er auch mit Risiken verbunden, die ein tiefes Verständnis des Marktes und sorgfältiges Risikomanagement erfordern. Mit der zunehmenden Akzeptanz von Kryptowährungen und der fortlaufenden Entwicklung der zugrundeliegenden Technologie steht der Kryptohandel an der Schwelle zu einer neuen Ära, die sowohl für einzelne Händler als auch für das globale Finanzsystem transformative Auswirkungen haben könnte.

Kapitel 16: Die sozialen und politischen Implikationen von Bitcoin

Das Aufkommen von Bitcoin und der allgemeinen Blockchain-Technologie hat weitreichende soziale und politische Implikationen, die das Potenzial haben, die etablierten Machtstrukturen und die Art und Weise, wie wir über Geld, Privatsphäre und Autonomie denken, grundlegend zu verändern. Gleichzeitig wirft der zunehmende Verfall des US-Dollars als Weltwährung Fragen bezüglich der zukünftigen Rolle von digitalen Währungen im globalen Finanzsystem auf. Dieses Kapitel untersucht, wie Bitcoin und Blockchain-Technologie soziale und politische Strukturen beeinflussen könnten, insbesondere im Kontext von Privatsphäre, Autonomie und der Verschiebung globaler Machtverhältnisse.

Die Rolle von Bitcoin in der sozialen und politischen Sphäre

Privatsphäre und Autonomie

Finanzielle Privatsphäre: Bitcoin bietet durch seine pseudonymen Transaktionen ein höheres Maß an finanzieller Privatsphäre als traditionelle Bankgeschäfte. Diese Eigenschaft hat wichtige Implikationen für die persönliche Freiheit und

Autonomie, insbesondere in autoritären Regimen, die finanzielle Transaktionen streng überwachen.

Autonomie gegenüber staatlicher Kontrolle: Bitcoin ermöglicht es den Nutzern, Transaktionen durchzuführen, die außerhalb der Reichweite staatlicher oder finanzieller Institutionen liegen. Dies stellt eine direkte Herausforderung für das traditionelle, zentralisierte Finanzsystem dar und bietet Menschen in instabilen Wirtschaften eine Alternative.

Dezentralisierung und Demokratisierung von Finanzen

Dezentralisierung: Die dezentrale Natur von Bitcoin und anderen Kryptowährungen untergräbt das traditionelle Monopol von Zentralbanken über die Geldschöpfung und -kontrolle. Diese Verschiebung kann zu einer demokratischeren und gerechteren Finanzordnung führen.

Finanzielle Inklusion: Bitcoin bietet unbanked und underbanked Bevölkerungsgruppen Zugang zu Finanzdienstleistungen, was die soziale und wirtschaftliche Eingliederung fördert und zur Reduzierung der globalen Armut beitragen könnte.

Der Verfall des US-Dollars und die Zukunft globaler Währungen

Schwächung der Dollar-Dominanz

Verschuldung und Inflation: Die zunehmende Staatsverschuldung der USA und die expansive Geldpolitik der Federal Reserve haben Bedenken hinsichtlich der langfristigen Stabilität des US-Dollars als Weltreservewährung aufkommen lassen.

Suche nach Alternativen: In diesem Kontext suchen Länder und Institutionen nach Alternativen zum Dollar, um das Risiko zu diversifizieren. Bitcoin und andere Kryptowährungen werden zunehmend als potenzielle Komponenten globaler Währungsreserven betrachtet.

Bitcoin als alternative Weltwährung

Wertaufbewahrungsmittel: Die begrenzte Verfügbarkeit und globale Akzeptanz von Bitcoin positionieren es als potenzielles Wertaufbewahrungsmittel, vergleichbar mit Gold, das unabhängig von einzelnen Staaten oder Währungen ist.

Herausforderungen für die globale Dominanz: Trotz des Potenzials von Bitcoin als alternative Reserve, stehen die Volatilität, regulatorische Unsicherheiten und technische Hürden seiner Annahme als globale Leitwährung im Weg.

Soziale und politische Herausforderungen

Regulierung und Überwachung: Die wachsende Beliebtheit von Bitcoin wirft Fragen bezüglich Regulierung, Besteuerung und Überwachung auf, was zu Spannungen zwischen dem Wunsch nach Privatsphäre und den staatlichen Anforderungen an Transparenz führt.

Energieverbrauch: Der hohe Energieverbrauch des Bitcoin-Mining provoziert Debatten über Umweltauswirkungen und Nachhaltigkeit, die sowohl soziale als auch politische Dimensionen haben.

Bitcoin als potenzielle alternative Weltwährung ist ein Thema, das sowohl unter Kryptowährungs-Enthusiasten als auch in akademischen und finanziellen Kreisen intensiv diskutiert wird. Die Vorstellung, dass eine dezentralisierte digitale Währung das traditionelle Fiat-Währungssystem ergänzen oder gar ersetzen könnte, ist faszinierend und wirft Fragen über die Zukunft der globalen Finanzlandschaft auf. Im Folgenden werden detaillierte Aspekte und Fakten bezüglich Bitcoins Rolle als alternative Weltwährung erörtert.

Unabhängigkeit von zentralisierten Institutionen

Zentralbankunabhängigkeit: Bitcoin ist nicht an die Politik einer Zentralbank gebunden, was es zu einer attraktiven Option für Länder macht, die sich von der Dominanz des US-Dollars lösen möchten. Diese Unabhängigkeit bietet Schutz vor inflationären Politiken, die den Wert traditioneller Währungen erodieren können.

Begrenztes Angebot

Festes Angebot: Im Gegensatz zu Fiat-Währungen, deren Angebot durch Zentralbanken gesteuert und potenziell unbegrenzt ist, ist das Angebot von Bitcoin auf 21 Millionen Einheiten begrenzt. Diese Knappheit kann Bitcoin vor Inflation schützen und es als Wertaufbewahrungsmittel etablieren.

Globale Akzeptanz und Zugänglichkeit

Wachsende Akzeptanz: Bitcoin wird weltweit akzeptiert, sowohl für Online-Transaktionen als auch zunehmend im Einzelhandel. Seine globale Natur ermöglicht es Nutzern, Werte ohne Wechselkursrisiken oder die Notwendigkeit von Währungsumrechnungen zu übertragen.

Digitale Inklusion: Bitcoin bietet Menschen ohne Zugang zu traditionellen Bankdienstleistungen finanzielle Teilhabe. In Ländern mit instabilen Währungen bietet es eine

Alternative zur Wertaufbewahrung und zum Transfer.

Widerstandsfähigkeit und Sicherheit
Dezentralisierung: Die dezentrale Architektur von Bitcoin macht es widerstandsfähig gegen zentralisierte Ausfallrisiken und politische Einflussnahme. Transaktionen und die Währung selbst können nicht von einer zentralen Autorität kontrolliert oder manipuliert werden.

Sicherheit durch Technologie: Bitcoin-Transaktionen sind durch kryptografische Verfahren gesichert, was Betrug und Fälschung erschwert. Die Blockchain-Technologie sorgt für Transparenz und Unveränderlichkeit der Transaktionshistorie.

Herausforderungen und Kritikpunkte

Volatilität: Die hohe Preisvolatilität von Bitcoin stellt eine bedeutende Herausforderung für seine Funktion als Weltwährung dar. Preisstabilität ist für eine Währung essentiell, um als Rechnungseinheit, Tauschmittel und Wertaufbewahrungsmittel zu dienen.

Skalierbarkeit und Transaktionsgeschwindigkeit: Aktuelle Begrenzungen in der Skalierbarkeit des Bitcoin-Netzwerks und die relativ langsamen Transaktionszeiten im Vergleich zu traditionellen

Zahlungssystemen stellen Hindernisse für seine breite Akzeptanz als Zahlungsmittel dar.

Regulatorische Unsicherheiten: Die rechtliche Stellung von Bitcoin variiert stark zwischen verschiedenen Ländern. Regulatorische Einschränkungen könnten die Nutzung und Akzeptanz von Bitcoin als globale Währung behindern.

Energieverbrauch: Das Mining von Bitcoin ist energieintensiv, was zu Bedenken hinsichtlich seiner ökologischen Nachhaltigkeit führt. Die Suche nach energieeffizienteren Konsensmechanismen ist ein aktuelles Forschungsthema.

Fazit

Während Bitcoin in vielerlei Hinsicht das Potenzial besitzt, als alternative Weltwährung zu fungieren, müssen noch zahlreiche Herausforderungen überwunden werden. Die Debatte um Bitcoin als Weltwährung dreht sich nicht nur um ökonomische und technische Aspekte, sondern auch um soziale, politische und ökologische Überlegungen. Die zukünftige Rolle von Bitcoin im globalen Finanzsystem wird von der Entwicklung in diesen Bereichen und der Fähigkeit der Bitcoin-Gemeinschaft abhängen, auf diese Herausforderungen zu reagieren.

Kapitel 17: Umweltbedenken und Nachhaltigkeit

Einführung

Das Mining von Bitcoin und anderen Kryptowährungen, das für die Verarbeitung von Transaktionen und die Sicherung des Netzwerks unerlässlich ist, hat aufgrund seines hohen Energieverbrauchs und der daraus resultierenden Umweltauswirkungen erhebliche Bedenken hervorgerufen. Diese Bedenken haben eine Debatte über die Nachhaltigkeit der Blockchain-Technologie ausgelöst und Bemühungen motiviert, umweltfreundlichere Ansätze zu entwickeln.

Die Umweltauswirkungen des Bitcoin-Minings

Hoher Energieverbrauch: Das Mining von Bitcoin erfordert eine immense Menge an Rechenleistung, die wiederum einen erheblichen Energieverbrauch nach sich zieht. Schätzungen zufolge verbraucht das Bitcoin-Netzwerk mehr Energie als ganze Länder.

CO2-Fußabdruck: Der überwiegende Teil der Energie, die für das Bitcoin-Mining verwendet wird, stammt aus fossilen Brennstoffen, insbesondere in Regionen, in denen Strom billig ist. Dies trägt zu einem erheblichen CO_2-Fußabdruck bei und wirft Fragen bezüglich der Klimaauswirkungen auf.

Bemühungen um Nachhaltigkeit

Übergang zu erneuerbaren Energien: Einige Mining-Operationen suchen aktiv nach Standorten mit Zugang zu erneuerbaren Energiequellen wie Wasserkraft, Windkraft und Solarenergie, um ihren ökologischen Fußabdruck zu reduzieren.

Energieeffiziente Konsensmechanismen: Die Blockchain-Gemeinschaft erforscht Alternativen zum energieintensiven Proof-of-Work (PoW)-Konsensmechanismus. Proof-of-Stake (PoS) und andere Konsensalgorithmen bieten potenziell eine wesentlich energieeffizientere Lösung.

Carbon Offsetting: Einige Unternehmen im Kryptowährungssektor investieren in CO2-Kompensationsprojekte, um die Umweltauswirkungen ihrer Operationen auszugleichen.

Innovative Technologien: Forschung in Bereichen wie der Nutzung von Abwärme aus Mining-Operationen für Heizzwecke zeigt das Potenzial für innovative Lösungen, die sowohl wirtschaftlich als auch umweltfreundlich sind.

Herausforderungen und Kritik

Skalierbarkeit von erneuerbaren Energien: Die Verfügbarkeit und Skalierbarkeit von erneuerbaren Energien in Regionen mit großer Mining-Operation bleibt eine Herausforderung.

Regulatorische Hürden: In einigen Fällen können regulatorische Hürden den Übergang zu nachhaltigeren Mining-Praktiken erschweren.

Öffentliche Wahrnehmung: Die negative Wahrnehmung des Energieverbrauchs von Kryptowährungen kann das Wachstum und die Akzeptanz der Technologie behindern.

Zukunftsperspektiven

Globale Initiativen für Nachhaltigkeit: Globale Initiativen, wie das Crypto Climate Accord, zielen darauf ab, die gesamte Kryptowährungsindustrie bis 2030 kohlenstoffneutral zu machen.

Technologische Fortschritte: Fortschritte in der Blockchain-Technologie und im Mining-Equipment versprechen höhere Effizienz und geringeren Energieverbrauch.

Bewusstseinsbildung und Bildung: Die Aufklärung über die tatsächlichen Umweltauswirkungen und die Bemühungen um deren Reduzierung ist entscheidend, um die öffentliche Wahrnehmung und Akzeptanz zu verbessern.

Fazit

Während das Bitcoin-Mining und andere Blockchain-Anwendungen erhebliche Umweltauswirkungen haben, gibt es eine wachsende Bewegung innerhalb der Industrie, um Nachhaltigkeit und Umweltverträglichkeit zu verbessern. Durch die Kombination aus technologischen Innovationen, dem Übergang zu erneuerbaren Energien und globalen Initiativen könnten Bitcoin und Blockchain einen Weg zu einer umweltfreundlicheren Zukunft ebnen.

Kapitel 18: Globale Adoption und der Weg nach vorne

Die globale Adoption von Bitcoin und Blockchain-Technologie hat in den letzten Jahren signifikant zugenommen, getrieben durch sowohl das wachsende Interesse an Kryptowährungen als auch durch die vielseitigen Anwendungsmöglichkeiten der Blockchain-Technologie über den Finanzsektor hinaus. Trotz dieses Wachstums stehen der breiteren Adoption jedoch noch immer diverse Hindernisse im Weg. Dieses Kapitel untersucht den aktuellen Stand der Adoption, identifiziert bestehende Herausforderungen und diskutiert potenzielle Wachstumsbereiche für die Zukunft.

Aktueller Stand der Adoption

Kryptowährungen: Bitcoin und andere Kryptowährungen haben eine breite Akzeptanz als Investitionsmöglichkeit und in einigen Fällen als Zahlungsmittel gefunden. Institutionelle Investoren, Unternehmen und Privatpersonen tragen zur steigenden Nachfrage bei.

Blockchain-Anwendungen: Abseits von Kryptowährungen findet die Blockchain-Technologie Anwendung in Bereichen wie Lieferkettenmanagement, Gesundheitswesen,

Immobilien und mehr, wo sie für Transparenz, Effizienz und Sicherheit sorgt.

Hindernisse für die Adoption

Regulatorische Unsicherheit: Ein Mangel an klaren regulatorischen Rahmenbedingungen in vielen Ländern schafft Unsicherheit für Unternehmen und Investoren und kann die Adoption bremsen.

Skalierbarkeit und Leistung: Die begrenzte Skalierbarkeit und Geschwindigkeit von Blockchain-Netzwerken, insbesondere von Bitcoin und Ethereum, stellt eine Herausforderung für die Anwendung in großem Maßstab dar.

Benutzerfreundlichkeit: Die Komplexität der Technologie und die oft nicht benutzerfreundlichen Interfaces erschweren den Zugang für weniger technikaffine Nutzer.

Energieverbrauch: Der hohe Energieverbrauch des Mining-Prozesses, insbesondere bei Bitcoin, wirft Bedenken hinsichtlich der Nachhaltigkeit auf.

Potenzielle Wachstumsbereiche

Dezentralisierte Finanzen (DeFi): DeFi hat das Potenzial, das traditionelle Finanzwesen grundlegend zu verändern, indem es offene, effiziente und inklusive Finanzdienstleistungen bietet.

Digitale Identitäten: Blockchain-basierte digitale Identitäten könnten Probleme der Datensicherheit und -privatsphäre lösen und gleichzeitig den Zugang zu digitalen Diensten vereinfachen.

Supply Chain Management: Die Anwendung der Blockchain-Technologie in Lieferketten verspricht verbesserte Transparenz, Authentizität und Effizienz.

Zentralbank-Digitale Währungen (CBDCs): Viele Zentralbanken erforschen oder entwickeln bereits digitale Versionen ihrer Währungen, was die Akzeptanz und das Verständnis von digitalen Währungen in der breiten Bevölkerung fördern könnte.

Der Weg nach vorne

Regulatorische Klarheit: Die Schaffung klarer, konsistenter und unterstützender regulatorischer Rahmenbedingungen ist entscheidend für die weitere Adoption und das Wachstum der Blockchain-Technologie und Kryptowährungen.

Technologische Verbesserungen: Fortschritte in der Technologie, die Skalierbarkeits- und Leistungsprobleme lösen, sind notwendig, um die

Anwendungsfälle zu erweitern und eine breitere Akzeptanz zu ermöglichen.

Bildung und Bewusstseinsbildung: Die Erhöhung des Bewusstseins und das Verständnis für die Vorteile und Funktionsweisen von Blockchain und Kryptowährungen sind essenziell, um Vertrauen zu schaffen und die Adoption zu fördern.

Nachhaltigkeitsinitiativen: Die Entwicklung und Adoption energieeffizienterer Blockchain-Protokolle und Mining-Praktiken sind wesentlich, um Bedenken hinsichtlich der Umweltauswirkungen zu adressieren.

Fazit

Die globale Adoption von Bitcoin und Blockchain steht an einem Wendepunkt. Während die Technologie das Potenzial hat, zahlreiche Industrien zu transformieren und das Finanzwesen zu demokratisieren, müssen Herausforderungen hinsichtlich Regulierung, Technologie, Benutzerfreundlichkeit und Nachhaltigkeit überwunden werden. Die Zukunft von Bitcoin und Blockchain sieht vielversprechend aus, erfordert aber koordinierte Anstrengungen von Entwicklern, Unternehmen, Regulierungsbehörden und der Gesellschaft, um ihr volles Potenzial zu entfalten.

Kapitel 19: Spitzenforschung in Kryptografie und Blockchain

Hervorhebung der laufenden Forschung im Bereich, einschließlich des potenziellen Einflusses der Quantencomputertechnologie auf die Kryptografie.

Die Forschung im Bereich der Kryptografie und Blockchain ist dynamisch und schnelllebig, mit kontinuierlichen Durchbrüchen, die sowohl die Sicherheit als auch die Funktionalität dieser Technologien erweitern. Von der Entwicklung neuer Verschlüsselungsprotokolle bis hin zur Erforschung der Auswirkungen von Quantencomputern auf die bestehende Kryptografie, streben Wissenschaftler danach, die Grundlagen zu stärken und die Anwendungsbereiche zu erweitern. Dieses Kapitel beleuchtet wichtige Forschungsbereiche und diskutiert potenzielle zukünftige Entwicklungen.

Fortschritte in der Kryptografie

Post-Quanten-Kryptografie: Angesichts des potenziellen Risikos, das Quantencomputer für die aktuelle Verschlüsselungstechnik darstellen, konzentriert sich die Forschung auf die Entwicklung von kryptografischen Algorithmen, die auch in der Ära der Quanteninformatik sicher bleiben.

Zero-Knowledge-Proofs (ZKP): ZKP ermöglichen die Verifizierung von Informationen, ohne diese Informationen selbst preiszugeben, was die Privatsphäre in Blockchain-Transaktionen erheblich verbessert.

Homomorphe Verschlüsselung: Ermöglicht die Verarbeitung verschlüsselter Daten, ohne diese entschlüsseln zu müssen, was neue Möglichkeiten für den Datenschutz und sichere Berechnungen eröffnet.

Blockchain-Innovationen

Skalierbarkeitslösungen: Projekte wie das Lightning Network für Bitcoin und Sharding für Ethereum zielen darauf ab, die Transaktionskapazität und Geschwindigkeit zu erhöhen, ohne die Dezentralisierung oder Sicherheit zu kompromittieren.

Interoperabilitätsprotokolle: Forschung in diesem Bereich konzentriert sich auf die Schaffung von Protokollen, die eine nahtlose Kommunikation und Transaktionen zwischen verschiedenen Blockchain-Netzwerken ermöglichen.

Dezentralisierte Identitätssysteme: Entwicklungen in der Blockchain-Technologie bieten neue Wege, digitale Identitäten zu verwalten und zu schützen, was das Potenzial hat, die Art und Weise, wie persönliche Daten online gehandhabt werden, zu revolutionieren.

Quantencomputertechnologie und Kryptografie

Bedrohung durch Quantencomputing: Quantencomputer könnten in der Lage sein, die kryptografischen Algorithmen zu brechen, die derzeit zum Schutz digitaler Kommunikationen verwendet werden, einschließlich derjenigen, die für Blockchain-Transaktionen und digitale Währungen verwendet werden.

Forschung zur Quantensicherheit: Wissenschaftler arbeiten an der Entwicklung von quantensicheren Algorithmen, um der Bedrohung durch Quantencomputing zu begegnen. Diese Bemühungen umfassen sowohl die Verbesserung bestehender Systeme als auch die Entwicklung völlig neuer kryptografischer Techniken.

Auswirkungen auf die Blockchain

Quantenresistente Blockchain: Die Blockchain-Gemeinschaft erforscht Möglichkeiten, bestehende Netzwerke gegen potenzielle Angriffe durch Quantencomputer zu sichern, unter anderem durch die Implementierung quantenresistenter Verschlüsselungsverfahren.

Langfristige Sicherheit: Die Sicherstellung der langfristigen Sicherheit von Blockchain-Netzwerken und Kryptowährungen erfordert kontinuierliche Forschung und Anpassung an die Fortschritte in der Quantencomputertechnologie.

Fazit

Die Spitzenforschung in Kryptografie und Blockchain bewegt sich an der Schnittstelle von theoretischer Informatik, angewandter Mathematik und Computerwissenschaft. Während die Entwicklung von Quantencomputern neue Herausforderungen für die Sicherheit digitaler Systeme mit sich bringt, treiben Innovationen in der Kryptografie und Blockchain-Technologie die Branche voran, indem sie verbesserte Sicherheitsmechanismen und erweiterte Funktionalitäten bieten. Die kontinuierliche Forschung und Entwicklung in diesen Bereichen ist entscheidend, um die Robustheit und Anwendbarkeit dieser revolutionären Technologien zu gewährleisten und sie für die Herausforderungen der Zukunft zu rüsten.

Kapitel 20: Schlussfolgerung und Zukunftsaussichten

Schlussfolgerung und Zukunftsaussichten
Zusammenfassung der Kernpunkte

In der Reise von Bitcoin und der Blockchain-Technologie haben wir eine bemerkenswerte Evolution beobachtet, die von den Anfängen einer dezentralisierten digitalen Währung bis hin zu einer breiten Palette von Anwendungen in verschiedenen Sektoren reicht. Die Entwicklung von Bitcoin als eine alternative Währung und als ein Anlageobjekt hat tiefgreifende Fragen bezüglich der Rolle traditioneller Währungen und der Zukunft des Finanzwesens aufgeworfen. Gleichzeitig hat die Blockchain-Technologie, die ursprünglich für Bitcoin entwickelt wurde, das Potenzial gezeigt, über den Finanzsektor hinaus Innovationen zu fördern, indem sie Transparenz, Effizienz und Sicherheit in digitalen Transaktionen verbessert.

Die Diskussion über die Umweltauswirkungen des Bitcoin-Minings und die Suche nach nachhaltigen Lösungen hat die Notwendigkeit einer verantwortungsbewussten Innovation hervorgehoben. Ebenso haben die Untersuchungen zur regulatorischen und rechtlichen Landschaft, zu Sicherheitsfragen und zum globalen Einfluss von Kryptowährungen wichtige Überlegungen für die Integration dieser

Technologien in die bestehenden Systeme beleuchtet.

Reflexion über die Reise

Von Satoshi Nakamotos ursprünglichem Whitepaper bis hin zur globalen Adoption und den vielfältigen Anwendungsfällen der Blockchain-Technologie ist die Reise von Bitcoin und Blockchain eine Geschichte von Innovation, Herausforderungen und ständiger Evolution. Diese Reise hat nicht nur technologische Grenzen verschoben, sondern auch eine neue Welle von Diskussionen über finanzielle Autonomie, Privatsphäre und die Rolle der Technologie in der Gesellschaft ausgelöst.

Vision der Zukunft

Integration und Akzeptanz: Die zunehmende Integration von Blockchain-Technologien in traditionelle Finanz- und Industriesektoren sowie die fortschreitende Regulierung könnten zu einer breiteren Akzeptanz und Anwendung führen.

Innovation in Anwendungen: Die Entwicklung neuer Blockchain-Anwendungen, insbesondere im Bereich der dezentralisierten Finanzen (DeFi), digitalen Identitäten, Supply Chain Management und darüber hinaus, wird voraussichtlich weiterhin innovative Lösungen für alte Probleme bieten.

Nachhaltige Entwicklung: Die Bewegung hin zu nachhaltigeren Mining-Praktiken und energieeffizienteren Blockchain-Protokollen wird wahrscheinlich an Bedeutung gewinnen, da die Gemeinschaft auf Umweltbedenken reagiert.

Quantencomputing und Kryptografie: Die Forschung im Bereich der post-quanten Kryptografie wird entscheidend sein, um die Sicherheit von Blockchain-Netzwerken im Angesicht der potenziellen Bedrohung durch Quantencomputing zu gewährleisten.

Globale Finanzinclusion: Durch die Bereitstellung von Zugang zu Finanzdienstleistungen für bisher unbanked Bevölkerungsschichten könnten Bitcoin und Blockchain einen Weg zu größerer globaler Finanzinclusion ebnen.

Abschließende Gedanken

Die Reise von Bitcoin und Blockchain steht exemplarisch für die transformative Kraft der Technologie. Während Herausforderungen bestehen bleiben, bietet die kontinuierliche Innovation und Anpassung Grund zu Optimismus für die Zukunft dieser Technologien. Durch die Kombination aus technologischem Fortschritt, regulatorischer Klarheit und einer wachsenden Gemeinschaft von Entwicklern, Nutzern und Investoren stehen Bitcoin und

Blockchain an der Schwelle zu neuen Möglichkeiten, die das Potenzial haben, die Art und Weise, wie wir über Geld, Vertrauen und digitale Interaktionen denken, neu zu definieren. Die Zukunft mag ungewiss sein, doch die Richtung ist vielversprechend, mit endlosen Möglichkeiten für Innovation und Wandel.

Kapitel 21: Die Vision einer bargeldlosen Gesellschaft

Einführung in die Konzepte und die treibenden Kräfte hinter der Bewegung hin zu einer bargeldlosen Gesellschaft.

Einführung

Die Vision einer bargeldlosen Gesellschaft ist nicht neu, aber durch die rasante Entwicklung digitaler Technologien und die zunehmende Verbreitung von Kryptowährungen wie Bitcoin sowie Blockchain-Technologien ist sie näher an der Realisierung als je zuvor. In einer Welt ohne Bargeld würden alle finanziellen Transaktionen digital abgewickelt, was die Art und Weise, wie wir kaufen, verkaufen und unser Geld verwalten, grundlegend verändert.

Treibende Kräfte

Mehrere Faktoren treiben den Übergang zu einer bargeldlosen Gesellschaft voran, darunter:

Technologischer Fortschritt: Die Weiterentwicklung von Smartphone-Technologien und mobilen Zahlungsplattformen hat die Bequemlichkeit und Effizienz digitaler Zahlungen erheblich verbessert.

Wirtschaftliche Effizienz: Digitale Transaktionen können schneller und kostengünstiger als Bargeldtransaktionen abgewickelt werden, wodurch Unternehmen und Konsumenten profitieren.

Sicherheit und Transparenz: Digitale Zahlungsmethoden bieten verbesserte Sicherheitsmerkmale gegenüber Bargeld, das gestohlen oder gefälscht werden kann. Blockchain-Technologien bieten zudem ein hohes Maß an Transparenz und Rückverfolgbarkeit.

Globale Vernetzung: Die Globalisierung und das Wachstum des Online-Handels erfordern Zahlungsmethoden, die über Grenzen hinweg funktionieren, ohne die Notwendigkeit von Währungsumrechnungen.

Regierungs- und Zentralbankpolitik: In einigen Ländern fördern Regierungen aktiv den Übergang zu bargeldlosen Zahlungen, um die Effizienz zu steigern, Steuerhinterziehung zu bekämpfen und die Geldpolitik effektiver zu gestalten.

Potenzielle Vorteile

Eine bargeldlose Gesellschaft bietet zahlreiche potenzielle Vorteile, einschließlich:

Verbesserte finanzielle Inklusion: Digitale Finanzdienstleistungen können Menschen Zugang zu Bankdienstleistungen bieten, die bisher vom traditionellen Finanzsystem ausgeschlossen waren.

Erhöhte Effizienz im Zahlungsverkehr: Die Automatisierung von Zahlungen und Rechnungen kann die Effizienz für Unternehmen und Verbraucher erhöhen.

Reduzierung von Kriminalität: Die Abschaffung von Bargeld könnte die Kriminalität im Zusammenhang mit Bargeldraub, Geldwäsche und Steuerhinterziehung verringern.

Verstärkte Wirtschaftsdaten: Digitale Transaktionen generieren Daten, die für eine genauere Überwachung und Steuerung der Wirtschaft genutzt werden können.

Herausforderungen und Bedenken

Trotz der Vorteile gibt es auch Bedenken und Herausforderungen bei der Umstellung auf eine bargeldlose Gesellschaft:

Datenschutz und Überwachung: Die Zentralisierung finanzieller Transaktionen könnte die Privatsphäre gefährden und staatliche Überwachung erleichtern.

Digitale Kluft: Ohne universellen Zugang zu digitalen Technologien könnten einige Bevölkerungsgruppen benachteiligt werden.

Systemausfälle und Cyberangriffe: Die Abhängigkeit von digitalen Zahlungssystemen macht anfällig für technische Störungen und Cyberangriffe.

Verlust der Autonomie: Die Abkehr von Bargeld könnte die Kontrolle über persönliche Finanzen von Individuen zu Finanzinstitutionen und Technologieunternehmen verschieben.

Fazit

Die Bewegung hin zu einer bargeldlosen Gesellschaft ist unaufhaltsam und bietet die Möglichkeit, das Finanzwesen zu revolutionieren. Es ist jedoch entscheidend, dass dieser Übergang sorgfältig gesteuert wird, um die Vorteile zu maximieren, während gleichzeitig Datenschutz, Sicherheit und Inklusion gewährleistet werden. Die Rolle von Kryptowährungen und Blockchain-Technologien in dieser Zukunft bleibt besonders spannend, da sie das Potenzial haben, die Finanzlandschaft weiter zu demokratisieren und zu dezentralisieren.

Kapitel 22: Bitcoin – Das neue Gold

Bitcoin – Das neue Gold
Einführung

Bitcoin wird oft als "digitales Gold" bezeichnet, eine Metapher, die die Rolle von Bitcoin als Wertaufbewahrungsmittel hervorhebt. Diese Bezeichnung rückt Bitcoin in die Nähe von Gold, einem der ältesten und beständigsten Wertspeicher der Menschheitsgeschichte. Dieses Kapitel untersucht Bitcoin in seiner Funktion als Wertaufbewahrungsmittel und vergleicht es mit den Eigenschaften von traditionellem Gold.

Bitcoin als Wertaufbewahrungsmittel

Begrenztes Angebot: Wie Gold hat auch Bitcoin ein begrenztes Angebot. Es wird nie mehr als 21 Millionen Bitcoins geben, was durch den zugrundeliegenden Code sichergestellt wird. Diese Knappheit ist ein entscheidender Faktor für seinen Wert.

Dezentralisierung: Im Gegensatz zu Fiat-Währungen, die von Zentralbanken ausgegeben und kontrolliert werden, ist Bitcoin dezentralisiert. Dies schützt es vor inflationären Maßnahmen, die den Wert traditioneller Währungen erodieren können.

Portabilität und Teilbarkeit: Bitcoin übertrifft Gold in Bezug auf Portabilität und Teilbarkeit. Es kann in fast jede Größe aufgeteilt und über das Internet nahezu augenblicklich übertragen werden.

Anerkennung: Obwohl Bitcoin relativ neu ist, hat es rasch globale Anerkennung als Wertaufbewahrungsmittel und als Investition erlangt. Im Gegensatz zu Gold, das Jahrhunderte benötigte, um seinen Status zu erreichen, hat Bitcoin dies in etwas mehr als einem Jahrzehnt geschafft.

Vergleich mit Gold

Historische Beständigkeit: Gold hat eine jahrtausendealte Geschichte als Wertspeicher. Bitcoin, das erst 2009 eingeführt wurde, hat noch keinen langen Zeitraum überstanden, was einige zur Frage seiner langfristigen Beständigkeit veranlasst.

Volatilität: Bitcoin ist bekannt für seine hohe Volatilität, mit großen Preisschwankungen in kurzen Zeiträumen. Gold hingegen ist für seine relative Preisstabilität bekannt und dient oft als sicherer Hafen in Zeiten wirtschaftlicher Unsicherheit.

Marktakzeptanz: Gold ist universell anerkannt und wird weltweit als Wertspeicher akzeptiert. Bitcoin gewinnt zwar an Akzeptanz, stößt aber immer noch auf Skepsis und regulatorische Herausforderungen in verschiedenen Teilen der Welt.

Nutzung und Anwendungen: Gold hat neben seiner Rolle als Wertspeicher auch praktische Anwendungen in Industrie und Schmuckherstellung. Bitcoin hingegen dient hauptsächlich als Währung und als Anlageinstrument.

Zukunftsaussichten

Digitale Wirtschaft: In einer zunehmend digitalisierten Welt könnte Bitcoin gegenüber Gold Vorteile bieten, insbesondere im Hinblick auf die Nutzung in digitalen Transaktionen und Smart Contracts.

Inflationsschutz: In Zeiten wirtschaftlicher Unsicherheit und steigender Inflation könnten sowohl Bitcoin als auch Gold als Absicherung dienen. Die digitale Natur von Bitcoin könnte es für bestimmte Investoren attraktiver machen.

Regulatorische Entwicklungen: Die zukünftige Rolle von Bitcoin als Wertaufbewahrungsmittel könnte stark von regulatorischen Entscheidungen beeinflusst werden. Eine klare und unterstützende Regulierung könnte seine Akzeptanz und Nutzung als digitales Gold fördern.

Fazit

Während Bitcoin viele Eigenschaften mit Gold teilt, die es als Wertaufbewahrungsmittel attraktiv machen, gibt es auch signifikante Unterschiede, insbesondere in Bezug auf Volatilität, historische Beständigkeit und Marktakzeptanz. Die Zukunft von Bitcoin als das "neue Gold" wird von seiner Fähigkeit abhängen, diese Herausforderungen zu überwinden und seine Position als zuverlässiger Wertspeicher in der digitalen Ära zu festigen. Die parallele Existenz und mögliche Komplementarität von Bitcoin und Gold in Anlageportfolios könnten einen interessanten Weg für Anleger bieten, um Diversifikation und Schutz gegen wirtschaftliche Unsicherheiten zu erreichen.

Kapitel 23: Blockchain – Mehr als nur eine Währung

Einführung

Blockchain-Technologie, ursprünglich als das Rückgrat von Bitcoin entwickelt, hat sich weit über ihren kryptowährungsspezifischen Ursprung hinaus entwickelt. Ihre einzigartigen Merkmale wie Dezentralisierung, Transparenz, Unveränderlichkeit und Sicherheit machen sie zu einem vielseitigen Werkzeug für eine Vielzahl von Anwendungen über den Finanzsektor hinaus. Dieses Kapitel untersucht die breiten Einsatzmöglichkeiten der Blockchain-Technologie.

Anwendungsfelder der Blockchain

Smart Contracts: Selbstausführende Verträge, die auf der Blockchain gespeichert sind, ermöglichen automatisierte Vereinbarungen, die ohne menschliches Eingreifen ausgeführt werden, sobald vordefinierte Bedingungen erfüllt sind. Dies findet Anwendung in Bereichen wie Immobilien, Versicherungen und Lieferkettenmanagement.

Lieferkettenmanagement: Blockchain bietet eine transparente und unveränderliche Aufzeichnung aller Transaktionen entlang der Lieferkette. Dies verbessert die

Nachverfolgbarkeit von Produkten, reduziert Betrug und erhöht die Effizienz.

Digitale Identität: Blockchain kann eine sichere und unveränderliche Aufzeichnung digitaler Identitäten bieten, die es Individuen ermöglicht, ihre persönlichen Daten zu kontrollieren und zu schützen. Dies hat weitreichende Implikationen für Datenschutz, Online-Sicherheit und digitales Bürgerrecht.

Gesundheitswesen: Im Gesundheitssektor kann Blockchain für die sichere Speicherung und den Austausch von Patientendaten verwendet werden, wodurch die Interoperabilität zwischen verschiedenen Einrichtungen verbessert und gleichzeitig die Privatsphäre der Patienten gewahrt wird.

Wahlen: Die Nutzung der Blockchain für digitale Wahlen könnte das Potenzial haben, die Integrität des Wahlprozesses zu erhöhen, indem sie eine sichere, transparente und unveränderliche Aufzeichnung der Stimmabgaben bietet.

Geistiges Eigentum und Urheberrecht: Blockchain kann Künstlern und Schöpfern helfen, ihre Werke zu registrieren und Urheberrechtsansprüche geltend zu machen, indem eine zeitgestempelte Aufzeichnung ihrer Arbeit erstellt wird.

Energiehandel: Im Energiebereich ermöglicht Blockchain dezentralisierte Energiemärkte, auf denen Verbraucher und Produzenten Energie direkt handeln können, was zu effizienteren und nachhaltigeren Energielösungen führt.

Herausforderungen und Überlegungen

Während die Vielseitigkeit der Blockchain-Technologie beeindruckend ist, gibt es auch Herausforderungen und Überlegungen, die adressiert werden müssen:

Skalierbarkeit: Die Skalierbarkeit ist eine bedeutende Herausforderung, da die wachsende Nutzung der Blockchain-Technologie die Netzwerke belastet und zu Verzögerungen und höheren Kosten führt.

Benutzerfreundlichkeit: Die Komplexität der Technologie kann für durchschnittliche Nutzer abschreckend sein, was die Entwicklung benutzerfreundlicher Schnittstellen erforderlich macht.

Regulierung: Die rechtliche Unsicherheit und das Fehlen eines klaren regulatorischen Rahmens in vielen Ländern können die Adoption und Implementierung von Blockchain-basierten Lösungen hemmen.

Zukunftsaussichten

Die zukünftige Entwicklung der Blockchain-Technologie hängt von der Überwindung bestehender Herausforderungen und der kontinuierlichen Innovation ab. Während die Technologie reift, könnten Partnerschaften zwischen Blockchain-Startups und etablierten Branchenführern zu neuen und disruptiven Lösungen führen, die die Art und Weise, wie Geschäfte geführt und Dienstleistungen erbracht werden, verändern.

Fazit

Blockchain ist weit mehr als nur eine Grundlage für Kryptowährungen. Ihre Anwendungsbereiche erstrecken sich über diverse Industrien und bieten Lösungen für langjährige Probleme wie Transparenz, Sicherheit und Effizienz. Die fortschreitende Erforschung und Entwicklung der Blockchain-Technologie verspricht, ihre Anwendungsfelder weiter zu erweitern und tiefgreifende Veränderungen in der globalen Wirtschaft und Gesellschaft herbeizuführen.

Kapitel 24: Dezentralisierte Finanzen (DeFi) – Die Revolution des Bankwesens

Einführung

Dezentralisierte Finanzen (DeFi) stellen eine radikale Neuerung in der Welt der Finanzen dar. Durch die Nutzung von Blockchain-Technologie und Smart Contracts bieten DeFi-Plattformen eine offene, transparente und zugängliche Alternative zu traditionellen Bankdienstleistungen. Dieses Kapitel untersucht, wie DeFi das traditionelle Bankwesen herausfordert und neu definiert, indem es die Zwischenhändler eliminiert und die Kontrolle direkt in die Hände der Nutzer legt.

Kernmerkmale von DeFi

Zugänglichkeit: DeFi ist für jeden mit einer Internetverbindung zugänglich, unabhängig von geografischer Lage oder wirtschaftlichem Status.

Transparenz: Alle Transaktionen auf DeFi-Plattformen sind auf der Blockchain gespeichert und für jeden einsehbar, was ein hohes Maß an Transparenz bietet.

Autonomie: Nutzer haben volle Kontrolle über ihre Vermögenswerte und können direkt, ohne Zwischenhändler, Transaktionen durchführen.

Programmierbarkeit: Smart Contracts automatisieren die Ausführung von Finanzverträgen und -dienstleistungen, was die Effizienz steigert und menschliche Fehler reduziert.

Herausforderungen des traditionellen Bankwesens

Hohe Gebühren: Traditionelle Banken erheben oft hohe Gebühren für Transaktionen, Kredite und andere Dienstleistungen.

Zugangsbeschränkungen: Viele Menschen weltweit haben keinen Zugang zu grundlegenden Bankdienstleistungen aufgrund von Mindestanforderungen an das Guthaben, Kreditwürdigkeit oder geografischen Einschränkungen.

Mangelnde Transparenz: Das traditionelle Bankwesen kann undurchsichtig sein, was zu Misstrauen bei den Kunden führen kann.

DeFi vs. Traditionelles Bankwesen

Kreditvergabe und -aufnahme: DeFi ermöglicht es Nutzern, Kredite aufzunehmen oder zu vergeben, direkt und ohne die Notwendigkeit einer Kreditprüfung oder eines Vermittlers, oft zu günstigeren Konditionen.

Zinsen und Erträge: DeFi-Plattformen bieten oft höhere Zinssätze für Einlagen und ermöglichen es Nutzern, durch Liquiditätsbereitstellung und andere Mechanismen Erträge zu generieren.

Zahlungsverkehr: DeFi ermöglicht schnelle und kostengünstige grenzüberschreitende Zahlungen ohne die Notwendigkeit traditioneller Banken oder Zahlungsdienstleister.

Potenziale und Herausforderungen von DeFi

Demokratisierung der Finanzen: DeFi hat das Potenzial, das Finanzwesen zu demokratisieren, indem es gleichen Zugang für alle bietet und die Abhängigkeit von traditionellen Finanzinstitutionen verringert.

Sicherheitsrisiken: DeFi-Plattformen sind nicht immun gegen Risiken wie Smart Contract-Schwachstellen oder Hacking-Angriffe, was die Notwendigkeit robuster Sicherheitsmaßnahmen unterstreicht.

Regulatorische Unsicherheit: Die rasche Entwicklung von DeFi stellt Regulierungsbehörden vor Herausforderungen, geeignete Rahmenbedingungen zu schaffen, ohne Innovation zu behindern.

Zukunftsaussichte

Integration mit traditionellem Bankwesen: Eine mögliche Zukunft sieht eine Koexistenz und Integration von DeFi und traditionellem Bankwesen, wobei beide Systeme von den Stärken des jeweils anderen profitieren.

Weiterentwicklung der Technologie: Die fortlaufende Entwicklung von Blockchain- und Smart Contract-Technologien wird voraussichtlich die Sicherheit und Funktionalität von DeFi verbessern.

Globale Finanzinclusion: DeFi könnte eine Schlüsselrolle bei der Förderung der globalen Finanzinclusion spielen, indem es unbanked Bevölkerungsteilen Zugang zu Finanzdienstleistungen bietet.

Fazit

DeFi repräsentiert eine revolutionäre Veränderung im Finanzwesen, die das Potenzial hat, das traditionelle Bankwesen zu ergänzen und in einigen Bereichen zu ersetzen. Durch die Bereitstellung von offenen, effizienten und zugänglichen Finanzdienstleistungen fordert DeFi die bestehenden finanziellen Machtstrukturen heraus und eröffnet neue Möglichkeiten für finanzielle Autonomie und Innovation. Während Herausforderungen bestehen bleiben, ist das Potenzial von DeFi, das Gesicht des globalen Finanzsystems zu verändern, unbestreitbar.

Kapitel 25: Digitale Identität und Privatsphäre

Einführung

Im digitalen Zeitalter werden die Verwaltung digitaler Identitäten und der Schutz der Privatsphäre zunehmend zu einer zentralen Herausforderung. Blockchain-Technologie bietet einzigartige Lösungen für diese Probleme, indem sie eine sichere, dezentrale Plattform für die Verwaltung digitaler Identitäten schafft, die gleichzeitig die Privatsphäre der Nutzer schützt.

Grundlagen digitaler Identitäten

Digitale Identitäten umfassen alle online gespeicherten persönlichen Daten, die eine Person identifizieren können, einschließlich Namen, Adressen, Geburtsdaten und biometrischen Daten. In traditionellen Systemen werden diese Daten häufig zentral gespeichert, was sie anfällig für Datenschutzverletzungen macht.

Herausforderungen bei der Verwaltung digitaler Identitäten

Datensicherheit: Zentrale Datenbanken sind ein attraktives Ziel für Hacker. Datenschutzverletzungen können schwerwiegende Folgen für die betroffenen Individuen haben.

Datensouveränität: In vielen Fällen haben Nutzer nur begrenzte Kontrolle über ihre eigenen Daten. Sie können nicht leicht überprüfen, wer Zugriff auf ihre Daten hat oder wie diese verwendet werden.

Effizienz und Zugänglichkeit: Die Verwaltung digitaler Identitäten kann komplex und zeitaufwendig sein, insbesondere wenn mehrere Identitäten über verschiedene Plattformen hinweg verwaltet werden müssen.

Die Rolle der Blockchain bei der Sicherung digitaler Identitäten

Dezentralisierung: Durch die Speicherung von Identitätsdaten auf einer Blockchain, anstatt in einer zentralen Datenbank, wird das Risiko von Datenschutzverletzungen reduziert. Keine einzelne Partei hat die Kontrolle über das gesamte System, was die Sicherheit erhöht.

Unveränderlichkeit: Einmal auf der Blockchain gespeichert, können Daten nicht rückwirkend geändert werden. Dies stellt sicher, dass die Identitätsdaten authentisch und unverfälscht bleiben.

Kontrolle und Souveränität: Blockchain ermöglicht es Nutzern, volle Kontrolle über ihre eigenen digitalen Identitäten zu haben. Sie können genau steuern, welche Daten sie teilen und mit wem sie diese teilen.

Transparenz und Vertrauen: Die öffentliche Natur der Blockchain ermöglicht eine transparente Überprüfung von Identitätsdaten, ohne sensible Informationen preiszugeben. Dies fördert das Vertrauen in Online-Transaktionen.

Anwendungsbeispiele

Self-Sovereign Identity (SSI): SSI-Modelle ermöglichen es Individuen, ihre eigene digitale Identität zu besitzen und zu kontrollieren, ohne auf traditionelle zentrale Behörden angewiesen zu sein.

Verifizierung und Authentifizierung: Blockchain kann für sichere Logins und die Verifizierung von Identitäten ohne Notwendigkeit von Passwörtern oder anderen kompromittierbaren Informationen genutzt werden.

Gesundheitswesen: Patientendaten können sicher auf der Blockchain gespeichert werden, wobei Patienten die Kontrolle darüber haben, welche Daten mit Ärzten oder Krankenhäusern geteilt werden.

Herausforderungen und Überlegungen

Skalierbarkeit: Die Verarbeitung großer Mengen von Identitätsdaten erfordert skalierbare Blockchain-Lösungen.

Benutzerfreundlichkeit: Die breite Adoption von Blockchain-basierten Identitätssystemen erfordert intuitive Benutzeroberflächen, die für Nicht-Techniker zugänglich sind.

Regulatorische Anpassung: Rechtliche Rahmenbedingungen müssen entwickelt werden, um die Nutzung von Blockchain für digitale Identitäten zu unterstützen, insbesondere im Hinblick auf Datenschutzgesetze.

Zukunftsaussichten

Die Integration von Blockchain-Technologie in die Verwaltung digitaler Identitäten bietet eine vielversprechende Möglichkeit, viele der bestehenden Herausforderungen zu überwinden. Während technische und regulatorische Hürden noch zu bewältigen sind, könnten zukünftige Entwicklungen zu einem System führen, in dem Individuen ihre digitale Identität sicher, effizient und autonom verwalten können, was einen signifikanten Fortschritt im Schutz der Privatsphäre und der persönlichen Freiheit darstellt.

Kapitel 26: Regulierungsrahmen und staatliche Politik

Einführung

Die rasante Entwicklung von Kryptowährungen und Blockchain-Technologie hat Regierungen und Regulierungsbehörden weltweit vor neue Herausforderungen gestellt. Während diese Technologien das Potenzial haben, das Finanzsystem zu revolutionieren, werfen sie auch Fragen bezüglich Sicherheit, Verbraucherschutz, Geldwäsche und Steuerhinterziehung auf. Dieses Kapitel gibt einen Überblick über die globalen regulatorischen Ansätze und diskutiert die Herausforderungen, die mit der Regulierung von Kryptowährungen und Blockchain verbunden sind.

Globale Regulierungslandschaft

Varianz in der Regulierung: Die Haltung gegenüber Kryptowährungen variiert stark zwischen verschiedenen Ländern, von vollständiger Akzeptanz und Integration in das Finanzsystem bis hin zu vollständigen Verboten.

Progressive Rahmenwerke: Einige Länder, wie Malta und die Schweiz, haben sich als Vorreiter in der Schaffung freundlicher regulatorischer Rahmenwerke für Kryptowährungen und Blockchain etabliert, um

Innovation zu fördern und Investitionen anzuziehen.

Strenge Regulierungen: Andere Länder, darunter China und Indien, haben strengere Maßnahmen ergriffen, einschließlich des Verbots von Kryptowährungsbörsen und ICOs (Initial Coin Offerings), aus Sorge vor finanziellen Risiken und Betrug.

Herausforderungen der Regulierung

Schnelle technologische Entwicklung: Die schnelle Entwicklung der Kryptowährungs- und Blockchain-Technologie erschwert es den Regulierungsbehörden, mit angemessenen und wirksamen Vorschriften Schritt zu halten.

Dezentralisierung: Die inhärente Dezentralisierung von Blockchain erschwert die Anwendung traditioneller regulatorischer und Überwachungsmechanismen, die auf zentralisierten Institutionen basieren.

Internationale Koordination: Die globale Natur von Kryptowährungstransaktionen erfordert internationale Koordination und Zusammenarbeit zwischen Regulierungsbehörden, um effektive Regulierung zu gewährleisten.

Balance zwischen Innovation und Schutz: Die Herausforderung besteht darin, einen Regulierungsrahmen zu schaffen, der Innovation fördert, gleichzeitig aber auch Verbraucherschutz, Marktintegrität und finanzielle Stabilität gewährleistet.

Regulierungsansätze

Lizenzierung von Kryptowährungsbörsen: Viele Länder haben begonnen, Kryptowährungsbörsen zu regulieren und zu lizenzieren, um Verbraucherschutz zu gewährleisten und Geldwäsche zu bekämpfen.

ICO- und Token-Regulierung: Einige Juris Diktionen haben spezifische Leitlinien für ICOs und die Ausgabe von Token entwickelt, um Transparenz zu fördern und Investoren zu schützen.

Steuerpolitik: Die steuerliche Behandlung von Kryptowährungen ist ein weiterer wichtiger Bereich der Regulierung, wobei Länder unterschiedliche Ansätze in Bezug auf Besteuerung von Kryptowährungsgewinnen verfolgen.

Anti-Geldwäsche (AML) und Know Your Customer (KYC): Regulierungsbehörden weltweit implementieren AML- und KYC-Richtlinien für

Kryptowährungstransaktionen, um illegale Aktivitäten zu bekämpfen.

Zukunftsaussichten

Die Zukunft der Regulierung von Kryptowährungen und Blockchain wird wahrscheinlich von einem fortlaufenden Dialog zwischen Regulierungsbehörden, Industrie und der Öffentlichkeit geprägt sein. Während ein angemessener Regulierungsrahmen notwendig ist, um Risiken zu managen, ist es ebenso wichtig, dass dieser Rahmen flexibel genug ist, um Innovation nicht zu behindern. Die Entwicklung globaler Standards und die internationale Zusammenarbeit werden entscheidend sein, um die Vorteile dieser Technologien voll auszuschöpfen und gleichzeitig Verbraucherschutz und finanzielle Stabilität zu gewährleisten.

Kapitel 27: Die Rolle von Zentralbank-Digitalwährungen (CBDCs)

Einführung

Zentralbank-Digitalwährungen (CBDCs) repräsentieren eine innovative Antwort auf die digitalen Herausforderungen und Möglichkeiten, die sich im Finanzsektor abzeichnen. Im Gegensatz zu dezentralisierten Kryptowährungen wie Bitcoin werden CBDCs direkt von Zentralbanken herausgegeben und verwaltet. Dieses Kapitel untersucht, wie CBDCs die Landschaft der digitalen Währungen beeinflussen und welche Implikationen dies für die Zukunft des Geldes hat.

Entstehung von CBDCs

Reaktion auf Kryptowährungen: Die wachsende Popularität von Kryptowährungen hat Zentralbanken weltweit dazu veranlasst, das Konzept digitaler Währungen zu erforschen, um die Vorteile der Blockchain-Technologie zu nutzen, während sie gleichzeitig die Kontrolle über das Geldsystem behalten.

Diversifizierung digitaler Zahlungsmittel: CBDCs ergänzen das bestehende Angebot an digitalen Zahlungsmethoden, indem sie eine staatlich unterstützte und stabile digitale Währungsoption biete

Funktionen und Ziele von CBDCs

Förderung der finanziellen Inklusion: CBDCs können den Zugang zu Finanzdienstleistungen für unbanked Bevölkerungsgruppen verbessern, insbesondere in Regionen mit geringer Bankdichte, aber hoher Smartphone-Penetration.

Erhöhung der Effizienz im Zahlungsverkehr: CBDCs zielen darauf ab, Zahlungssysteme schneller, sicherer und kostengünstiger zu machen, insbesondere bei grenzüberschreitenden Transaktionen.

Verbesserung der Geldpolitik: Durch die direkte Ausgabe digitaler Währungen können Zentralbanken neue geldpolitische Instrumente und Mechanismen entwickeln, um die Wirtschaft effektiver zu steuern.

Auswirkungen von CBDCs

Wettbewerb mit Privatsektor: CBDCs könnten in Konkurrenz zu privaten Zahlungsanbietern und Banken treten, was zu Veränderungen im Finanzsektor führt und möglicherweise eine Neuordnung der Marktstrukturen nach sich zieht.

Sicherheit und Datenschutz: Die Herausforderung, den Datenschutz zu gewährleisten, während gleichzeitig AML- und

KYC-Vorschriften eingehalten werden, ist entscheidend für die Akzeptanz und den Erfolg von CBDCs.

Internationale Zusammenarbeit: Die Entwicklung von CBDCs erfordert internationale Abstimmungen, um Fragmentierung zu vermeiden und globale Interoperabilität zu gewährleisten.

Herausforderungen bei der Einführung von CBDCs

Technologische Infrastruktur: Die Schaffung einer robusten, skalierbaren und sicheren technologischen Infrastruktur ist entscheidend für die erfolgreiche Implementierung von CBDCs.

Regulatorische Rahmenbedingungen: Die Entwicklung klarer regulatorischer Rahmenbedingungen ist notwendig, um die Rolle von CBDCs im Finanzsystem zu definieren und gleichzeitig Innovation zu fördern.

Akzeptanz und Vertrauen der Nutzer: Die Gewinnung des Vertrauens der Nutzer in CBDCs als sichere und praktische Alternative zu bestehenden Währungen und Zahlungsmethoden ist eine weitere Herausforderung.

Zukunftsperspektiven

Potenzielle globale Standards: Die Zusammenarbeit zwischen Zentralbanken könnte zur Entwicklung globaler Standards für CBDCs führen, die eine nahtlose Integration in das internationale Finanzsystem ermöglichen.

Innovative geldpolitische Instrumente: CBDCs eröffnen neue Möglichkeiten für die Geldpolitik, einschließlich präziserer Steuerungsinstrumente und direkterer Wege zur Beeinflussung der Wirtschaft.

Evolution des Geldes: Langfristig könnten CBDCs zu einem grundlegenden Bestandteil des globalen Finanzsystems werden und die Art und Weise, wie wir über Geld denken und interagieren, nachhaltig verändern.

Fazit

CBDCs stehen im Mittelpunkt einer potenziellen Revolution im Bereich digitaler Währungen, die das Potenzial hat, das globale Finanzsystem zu transformieren. Ihre Einführung wirft wichtige Fragen hinsichtlich Technologie, Sicherheit, Datenschutz und internationaler Zusammenarbeit auf. Die erfolgreiche Implementierung von CBDCs erfordert sorgfältige Planung und Koordination, bietet jedoch die Chance, die Effizienz, Sicherheit und Inklusion im Finanzsystem erheblich zu verbessern.

Kapitel 28: Kryptographie und Sicherheit in der bargeldlosen Ära

Einführung

Die zunehmende Verlagerung hin zu einer bargeldlosen Gesellschaft, gekennzeichnet durch die Verwendung digitaler Währungen und Zahlungssysteme, unterstreicht die Bedeutung von Kryptographie für die Gewährleistung der Sicherheit und des Vertrauens. Kryptographie, die Wissenschaft der Verschlüsselung und des Schutzes von Informationen, spielt eine zentrale Rolle in der Sicherheitsarchitektur digitaler Währungen wie Bitcoin und in der Entwicklung von Zentralbank-Digitalwährungen (CBDCs). Dieses Kapitel beleuchtet die Fortschritte in der Kryptographie, die essentiell für die Sicherheit in der bargeldlosen Ära sind.

Schlüsselrollen der Kryptographie

Transaktionsintegrität: Kryptographische Algorithmen sichern die Integrität von Transaktionen, indem sie sicherstellen, dass einmal getätigte Transaktionen nicht verändert werden können.

Authentifizierung: Digitale Signaturen, ermöglicht durch Public-Key-Kryptographie, erlauben es, die Identität von Transaktionsteilnehmern zu verifizieren und sicherzustellen, dass nur der legitime Besitzer einer digitalen Wallet Transaktionen durchführen kann.

Vertraulichkeit: Verschlüsselungsverfahren schützen sensible Informationen, die während Transaktionen übertragen werden, vor unbefugtem Zugriff.

Fortschritte in der Kryptographie

Quantenresistente Kryptographie: Angesichts des potenziellen Aufkommens von Quantencomputern, die bestehende Verschlüsselungsmethoden brechen könnten, entwickeln Forscher quantenresistente Algorithmen, die auch in der Ära der Quanteninformatik Sicherheit bieten.

Zero-Knowledge-Proofs (ZKP): ZKPs ermöglichen die Verifizierung von Informationen, ohne diese Informationen selbst preiszugeben, was die Privatsphäre erhöht und gleichzeitig die Sicherheit von Transaktionen gewährleistet.

Homomorphe Verschlüsselung: Diese fortschrittliche Form der Verschlüsselung erlaubt die Verarbeitung verschlüsselter Daten, ohne diese entschlüsseln zu müssen, was neue Möglichkeiten für Datenschutz und sichere Berechnungen eröffnet.

Sichere Multi-Party-Berechnung (SMPC): SMPC ermöglicht es mehreren Parteien, gemeinsam Berechnungen durchzuführen, ohne ihre individuellen Eingaben preiszugeben, was für die gemeinsame Nutzung von Daten und Diensten unter Wahrung der Privatsphäre nützlich ist.

Herausforderungen und Überlegungen

Balance zwischen Sicherheit und Effizienz: Höhere Sicherheitsmaßnahmen können die Effizienz von Systemen beeinträchtigen. Die Herausforderung besteht darin, ein optimales Gleichgewicht zu finden.

Benutzerfreundlichkeit: Komplexe Sicherheitsmaßnahmen dürfen nicht zu Lasten der Benutzerfreundlichkeit gehen. Intuitive Benutzerschnittstellen sind entscheidend für die breite Akzeptanz.

Regulatorische Anforderungen: Kryptographische Lösungen müssen nicht nur technisch sicher sein, sondern auch regulatorische Anforderungen erfüllen, um weltweit eingesetzt werden zu können.

Zukunftsaussichten

Standardisierung: Die Entwicklung und Standardisierung von quantenresistenten

Kryptographie-Algorithmen wird eine wichtige Rolle spielen, um die Sicherheit digitaler Währungen zukunftssicher zu machen.

Integration in bestehende Systeme: Die Einführung neuer kryptographischer Techniken in bestehende digitale Zahlungssysteme erfordert sorgfältige Planung und Umsetzung, um Kompatibilitäts- und Sicherheitsprobleme zu vermeiden.

Bewusstsein und Bildung: Die Aufklärung von Nutzern über Sicherheitspraktiken und die Bedeutung von Kryptographie ist entscheidend für die Stärkung der allgemeinen Sicherheit in einer zunehmend digitalen Welt.

Fazit

Die Kryptographie ist das Fundament, auf dem die Sicherheit und das Vertrauen in die bargeldlose Ära gebaut sind. Durch kontinuierliche Fortschritte und Anpassungen an neue technologische Entwicklungen wird die Kryptographie weiterhin eine zentrale Rolle in der Sicherung digitaler Währungen und Zahlungssysteme spielen. Die Balance zwischen fortschrittlicher Sicherheit, Effizienz und Benutzerfreundlichkeit wird die zukünftige Gestaltung und Akzeptanz digitaler Finanzlösungen wesentlich beeinflussen.

Kapitel 29: Der ökologische Fußabdruck von Kryptowährungen

Einführung

Der Energieverbrauch von Kryptowährungen, insbesondere von Bitcoin, hat weltweit zu einer intensiven Debatte über ihren ökologischen Fußabdruck geführt. Während Kryptowährungen das Potenzial haben, das Finanzsystem zu revolutionieren, werfen ihre Umweltauswirkungen wichtige Fragen bezüglich Nachhaltigkeit und Zukunftsfähigkeit auf. Dieses Kapitel diskutiert den Energieverbrauch von Kryptowährungen und erkundet nachhaltige Lösungen.

Energieverbrauch von Kryptowährungen

Proof of Work (PoW): Das PoW-Konsensverfahren, das von Bitcoin und vielen anderen Kryptowährungen verwendet wird, erfordert einen erheblichen Rechenaufwand und damit verbundenen Energieverbrauch, um neue Blöcke zu validieren und zur Blockchain hinzuzufügen.

Vergleich mit traditionellen Finanzsystemen: Obwohl Kryptowährungen für ihren hohen Energieverbrauch kritisiert werden, ist es wichtig, diesen im Kontext des gesamten Finanzsystems zu betrachten, das ebenfalls einen erheblichen ökologischen Fußabdruck hat.

Nachhaltige Lösungen

Übergang zu Proof of Stake (PoS): PoS ist ein alternativer Konsensmechanismus, der deutlich weniger Energie verbraucht als PoW. Ethereum, eine der führenden Kryptowährungen, plant den Übergang zu PoS mit seinem Ethereum 2.0-Update.

Nutzung erneuerbarer Energien: Einige Mining-Betriebe setzen zunehmend auf erneuerbare Energiequellen wie Wind-, Solar- und Wasserkraft, um den CO_2-Fußabdruck des Kryptowährungs-Minings zu reduzieren.

Energieeffiziente Blockchain-Designs: Die Entwicklung neuer Blockchain-Architekturen, die auf Energieeffizienz ausgelegt sind, kann dazu beitragen, den Gesamtenergieverbrauch von Kryptowährungen zu senken.

Carbon Offsetting und Zertifikate: Einige Unternehmen im Kryptowährungssektor investieren in CO_2-Kompensationsprojekte oder erwerben grüne Zertifikate, um ihre Umweltauswirkungen auszugleichen.

Herausforderungen und Kritik

Skalierbarkeit vs. Nachhaltigkeit: Die Herausforderung, Kryptowährungen zu skalieren, ohne dabei den Energieverbrauch signifikant zu erhöhen, bleibt bestehen. Dies erfordert innovative Lösungen und Kompromisse.

Geografische Verteilung des Minings: Die Konzentration des Kryptowährungs-Minings in Ländern, die hauptsächlich fossile Brennstoffe für die Energieerzeugung nutzen, verschärft die Umweltproblematik.

Regulatorische Maßnahmen: Einige Länder haben aufgrund von Umweltbedenken Maßnahmen ergriffen, um das Mining von Kryptowährungen einzuschränken oder zu regulieren.

Zukunftsaussichten

Bewusstseinswandel in der Industrie: Es gibt einen wachsenden Trend in der Kryptowährungsindustrie, die Notwendigkeit für nachhaltige Praktiken anzuerkennen und umzusetzen.

Technologische Innovationen: Fortschritte in der Hardware-Technologie und im Design von Blockchain-Netzwerken könnten zu effizienteren und umweltfreundlicheren Lösungen führen.

Globale Initiativen und Zusammenarbeit: Die Zusammenarbeit zwischen Regierungen, Industrie und der Zivilgesellschaft ist entscheidend, um nachhaltige Praktiken in der

Kryptowährungsbranche zu fördern und zu implementieren.

Fazit

Der ökologische Fußabdruck von Kryptowährungen ist eine wichtige Überlegung für die Zukunftsfähigkeit dieser Technologie. Während die Branche mit Herausforderungen konfrontiert ist, bieten innovative Lösungen und der Übergang zu nachhaltigeren Praktiken einem Weg nach vorn. Die Balance zwischen dem revolutionären Potenzial von Kryptowährungen und der Notwendigkeit, ihre Umweltauswirkungen zu minimieren, wird entscheidend sein, um eine nachhaltige und inklusive finanzielle Zukunft zu gestalten.

Kapitel 30: Blockchain für soziale Gerechtigkeit

Einführung

Die Blockchain-Technologie, oft mit dem Finanzsektor assoziiert, birgt das Potenzial, weitreichende positive soziale Veränderungen herbeizuführen. Durch ihre inhärente Transparenz, Sicherheit und Unveränderlichkeit kann Blockchain genutzt werden, um soziale Gerechtigkeit zu fördern und gegen Ungleichheit zu kämpfen. Dieses Kapitel beleuchtet, wie Blockchain in verschiedenen Bereichen eingesetzt wird, um soziale Herausforderungen anzugehen.

Beispiele für den Einsatz von Blockchain für soziale Gerechtigkeit

Bekämpfung von Korruption: In Ländern, wo Korruption ein großes Hindernis für Entwicklung und Gerechtigkeit darstellt, kann Blockchain Transaktionen und staatliche Ausgaben transparent machen, was die Möglichkeiten für korrupte Praktiken reduziert.

Landrechte und Eigentumsnachweise: In vielen Teilen der Welt ist der Nachweis von Landbesitz problematisch und führt oft zu Konflikten. Blockchain kann unveränderliche und transparente Landregistrierungen bieten, die

Einzelpersonen und Gemeinschaften vor unrechtmäßigem Landverlust schützen.

Finanzielle Inklusion: Blockchain ermöglicht den Zugang zu Finanzdienstleistungen für Menschen ohne traditionelles Bankkonto. Dies eröffnet Möglichkeiten für Wirtschaftswachstum und persönliche finanzielle Sicherheit in unterversorgten Gemeinschaften.

Transparente Wohltätigkeit: Blockchain-Technologie kann die Spendenverfolgung revolutionieren, indem sie sicherstellt, dass Hilfsgelder ihr vorgesehenes Ziel erreichen. Dies erhöht das Vertrauen in Wohltätigkeitsorganisationen und fördert eine Kultur der Großzügigkeit.

Bildungscredentials: Blockchain kann zur sicheren Speicherung und einfachen Verifizierung akademischer und beruflicher Qualifikationen genutzt werden, was Menschen hilft, ihre Fähigkeiten und Kenntnisse nachzuweisen und ihre Beschäftigungsfähigkeit zu verbessern.

Nachhaltige Lieferketten: Die Technologie ermöglicht die Nachverfolgung von Produkten von der Quelle bis zum Verbraucher. Dies fördert faire Arbeitsbedingungen und umweltfreundliche Praktiken in Lieferketten.

Gesundheitswesen: Im Gesundheitssektor kann Blockchain Patientendaten sicher speichern und den Austausch zwischen berechtigten Parteien erleichtern, was zu einer verbesserten und gerechteren medizinischen Versorgung beiträgt.

Herausforderungen und Überlegungen

Technologische Zugänglichkeit: Die Effektivität von Blockchain für soziale Gerechtigkeit hängt von der breiten Verfügbarkeit und dem Zugang zu entsprechender Technologie ab.

Bildung und Bewusstsein: Für eine effektive Nutzung von Blockchain-Lösungen ist es notwendig, das Bewusstsein und das Verständnis für diese Technologie zu fördern.

Regulatorische Hürden: Die Einführung von Blockchain-Lösungen in sozialen Bereichen erfordert oft eine Anpassung bestehender rechtlicher Rahmenbedingungen.

Zukunftsaussichten

Globale Initiativen: Die zunehmende Anerkennung des Potenzials von Blockchain für soziale Gerechtigkeit führt zu globalen Initiativen, die auf die Nutzung der Technologie für gemeinnützige Zwecke abzielen.

Interdisziplinäre Zusammenarbeit: Die Kombination von Blockchain mit anderen technologischen Entwicklungen, wie künstlicher Intelligenz und dem Internet der Dinge, könnte neue Lösungen für alte soziale Probleme bieten.

Community-basierte Projekte: Die dezentrale Natur von Blockchain fördert die Entwicklung von Projekten, die von Gemeinschaften selbst verwaltet werden und direkte Lösungen für ihre spezifischen Bedürfnisse bieten.

Fazit

Die Blockchain-Technologie besitzt das transformative Potenzial, soziale Gerechtigkeit zu fördern und gegen Ungleichheit vorzugehen. Durch ihre Anwendung in Bereichen wie Korruptionsbekämpfung, Finanzinclusion und transparente Wohltätigkeit kann Blockchain dazu beitragen, eine gerechtere Welt zu schaffen. Während Herausforderungen in Bezug auf Zugänglichkeit, Bildung und Regulierung bestehen, bieten die fortschreitende Technologieentwicklung und das wachsende Bewusstsein für soziale Gerechtigkeit vielversprechende Aussichten für die Zukunft.

Kapitel 31: Innovationen in der Blockchain-Technologie

Einführung

Die Blockchain-Technologie befindet sich in einem ständigen Wandel, mit fortlaufenden Innovationen, die darauf abzielen, ihre Effizienz, Sicherheit und Anwendbarkeit zu verbessern. Von der Verbesserung bestehender Systeme bis zur Entwicklung völlig neuer Anwendungen – die neuesten Entwicklungen in der Blockchain-Welt haben das Potenzial, die Technologie weit über den Finanzsektor hinaus zu treiben. Dieses Kapitel gibt einen Überblick über einige der vielversprechendsten Innovationen in der Blockchain-Technologie.

Schlüsselinnovationen in der Blockchain-Technologie

Layer-2-Lösungen: Um die Skalierbarkeitsprobleme von Blockchain wie bei Bitcoin und Ethereum zu überwinden, entwickeln Forscher Layer-2-Protokolle wie das Lightning Network und Plasma. Diese Lösungen ermöglichen schnelle und kostengünstige Transaktionen außerhalb der Haupt-Blockchain, wodurch die Effizienz deutlich gesteigert wird.

Interoperabilitätsprotokolle: Protokolle wie Polkadot und Cosmos ermöglichen die Kommunikation und den Transfer von Werten zwischen verschiedenen Blockchain-Netzwerken. Diese "Blockchain of Blockchains"-Ansätze zielen darauf ab, ein dezentrales Internet zu schaffen, in dem Informationen und Werte nahtlos zwischen verschiedenen Blockchains fließen können.

Dezentralisierte Identität (DID): Innovationen im Bereich der digitalen Identität ermöglichen es Nutzern, ihre Identität über verschiedene Plattformen und Anwendungen hinweg zu verwalten und zu kontrollieren. Dies erhöht die Sicherheit und Privatsphäre und bietet gleichzeitig eine nahtlose Benutzererfahrung.

Dezentralisierte Finanzen (DeFi): DeFi-Anwendungen erweitern die Funktionalität von Blockchain über den einfachen Transfer von Kryptowährungen hinaus, indem sie komplexe Finanzdienstleistungen wie Kredite, Derivate und Versicherungen auf der Blockchain anbieten.

Nicht-fungible Token (NFTs): NFTs haben eine neue Klasse digitaler Vermögenswerte geschaffen, die die Eigentumsrechte an einzigartigen digitalen Gütern wie Kunst, Sammlerstücken und sogar Immobilien auf der Blockchain verifizieren. Dies hat neue Märkte und Möglichkeiten für Künstler, Schöpfer und Sammler eröffnet.

Quantenresistente Kryptographie: Angesichts der potenziellen Bedrohung durch

Quantencomputing entwickeln Forscher neue kryptografische Algorithmen, die auch in der Ära der Quantencomputer sicher bleiben.

Blockchain und Künstliche Intelligenz (KI): Die Integration von Blockchain und KI eröffnet neue Möglichkeiten für datengesteuerte Entscheidungsfindung und Automatisierung. Blockchain kann dabei helfen, die Transparenz und Nachvollziehbarkeit von KI-Entscheidungen zu verbessern, während KI zur Optimierung von Blockchain-Operationen eingesetzt werden kann.

Herausforderungen und Überlegungen

Während diese Innovationen das Potenzial haben, die Blockchain-Technologie voranzutreiben, müssen auch Herausforderungen wie Benutzerfreundlichkeit, Datenschutz, Skalierbarkeit und Energieverbrauch angegangen werden. Darüber hinaus erfordert die Einführung neuer Technologien eine sorgfältige Betrachtung regulatorischer und ethischer Fragen.

Zukunftsaussichten

Die Zukunft der Blockchain-Technologie sieht vielversprechend aus, mit kontinuierlichen Innovationen, die darauf abzielen, ihre Anwendungsfälle zu erweitern und Hindernisse zu überwinden. Die Kombination von Blockchain mit anderen Technologien wie KI und dem

Internet der Dinge (IoT) könnte zu einer neuen Ära der Digitalisierung führen, die Effizienz, Sicherheit und Transparenz in verschiedenen Sektoren verbessert.

Fazit

Die Innovationen in der Blockchain-Technologie sind ein Beleg für das transformative Potenzial und die Vielseitigkeit dieser Technologie. Während Herausforderungen bestehen bleiben, bieten die laufenden Entwicklungen und Forschungen eine solide Basis für die zukünftige Expansion und Integration von Blockchain in die globale digitale Wirtschaft. Die Fähigkeit, sich anzupassen und zu innovieren, wird entscheidend sein, um die Möglichkeiten, die Blockchain bietet, voll auszuschöpfen.

Kapitel 32: Globale Märkte und die Wirtschaft der Kryptowährungen

Einführung

Kryptowährungen haben in den letzten Jahren eine beispiellose Dynamik erlebt, die nicht nur die Finanzmärkte, sondern auch die traditionelle Wirtschaft beeinflusst hat. Mit ihrer zunehmenden Akzeptanz und Integration in das globale Finanzsystem werfen sie wichtige Fragen bezüglich ihres Einflusses auf die traditionellen Märkte, die Geldpolitik und die wirtschaftliche Stabilität auf. Diese Analyse untersucht die Wechselwirkungen zwischen Kryptowährungen und der globalen Wirtschaft.

Einfluss auf globale Märkte

Marktvolatilität: Kryptowährungen sind bekannt für ihre hohe Volatilität, die nicht nur für Trader und Investoren, sondern auch für die breiteren Finanzmärkte Implikationen hat. Große Preisbewegungen können das Anlegerverhalten beeinflussen und in einigen Fällen zu Marktunsicherheiten führen.

Investitionsflüsse: Mit dem Aufkommen von Kryptowährungen als neue Anlageklasse haben sich die Kapitalflüsse verändert. Einige Investoren sehen Kryptowährungen als Alternative oder

Ergänzung zu traditionellen Anlagen wie Aktien, Anleihen oder Gold.

Innovationsförderung: Die Blockchain-Technologie hinter Kryptowährungen hat zu einer Welle von Innovationen im Finanzsektor geführt, einschließlich der Entwicklung neuer Finanzprodukte und -dienstleistungen, die das Potenzial haben, die Effizienz zu steigern und Kosten zu senken.

Einfluss auf die traditionelle Wirtschaft

Zahlungssysteme: Kryptowährungen bieten neue Möglichkeiten für Zahlungssysteme, insbesondere in Bezug auf grenzüberschreitende Transaktionen. Sie können die Transaktionsgeschwindigkeit erhöhen und die damit verbundenen Kosten senken.

Geldpolitik und Finanzkontrolle: Die dezentralisierte Natur von Kryptowährungen stellt eine Herausforderung für traditionelle geldpolitische Kontrollmechanismen dar. Zentralbanken weltweit erforschen die potenziellen Auswirkungen und Möglichkeiten, darauf zu reagieren, einschließlich der Entwicklung von Zentralbank-Digitalwährungen (CBDCs).

Finanzielle Inklusion: Kryptowährungen haben das Potenzial, die finanzielle Inklusion zu verbessern, indem sie Menschen ohne Zugang zu traditionellen Bankdienstleistungen ermöglichen, am Finanzsystem teilzunehmen.

Herausforderungen und Risiken

Regulatorische Unsicherheit: Die schnelle Entwicklung von Kryptowährungen hat regulatorische und rechtliche Herausforderungen mit sich gebracht, die für Unsicherheit bei Investoren und Unternehmen sorgen.

Sicherheitsrisiken: Trotz ihrer kryptographischen Sicherheit sind Kryptowährungen nicht immun gegen Hacks und Betrug, was Fragen der Sicherheit und des Verbraucherschutzes aufwirft.

Umweltauswirkungen: Der Energieverbrauch einiger Kryptowährungs-Netzwerke, insbesondere des Bitcoin-Mining, hat Bedenken hinsichtlich der ökologischen Nachhaltigkeit aufgeworfen.

Zukunftsaussichten

Weiterentwicklung der Regulierung: Eine klare und kohärente Regulierungspolitik wird entscheidend sein, um die Vorteile von Kryptowährungen zu maximieren und gleichzeitig Risiken zu minimieren.

Technologische Fortschritte: Weiterentwicklungen in der Blockchain-Technologie und in Kryptowährungs-Protokollen könnten dazu beitragen, viele der bestehenden Herausforderungen zu überwinden, einschließlich Skalierbarkeit, Energieverbrauch und Sicherheit.

Integration in das Finanzsystem: Trotz anfänglicher Widerstände ist eine zunehmende Integration von Kryptowährungen in das globale Finanzsystem zu beobachten, was ihre Rolle als ergänzende Anlageklasse und Zahlungsmittel festigt.

Fazit

Kryptowährungen haben bereits einen signifikanten Einfluss auf globale Märkte und die traditionelle Wirtschaft ausgeübt und werden dies voraussichtlich auch weiterhin tun. Ihre Entwicklung bietet sowohl Chancen als auch Herausforderungen für das Finanzsystem und erfordert eine sorgfältige Abwägung von Innovation und Regulierung, um ihre Potenziale voll auszuschöpfen und gleichzeitig Stabilität und Sicherheit zu gewährleisten.

Kapitel 33: Bildung und Krypto-Literacy

Einführung

In der sich schnell entwickelnden Welt der Kryptowährungen und Blockchain-Technologie ist Bildung der Schlüssel zur Ermächtigung von Einzelpersonen und zur Förderung einer verantwortungsbewussten Teilnahme. Krypto-Literacy umfasst das Verständnis der Grundprinzipien von Kryptowährungen, die Funktionsweise der Blockchain-Technologie, sowie das Bewusstsein für die damit verbundenen Risiken und Chancen. Dieses Kapitel beleuchtet die Bedeutung von Bildung und Wissensvermittlung in diesem Bereich.

Wichtigkeit der Krypto-Literacy

Empowerment durch Wissen: Ein fundiertes Verständnis von Kryptowährungen ermöglicht es den Menschen, informierte Entscheidungen über Investitionen, Nutzung und Engagement zu treffen.

Risikominimierung: Bildung kann dazu beitragen, das Risiko von Betrug und finanziellen Verlusten zu verringern, indem sie Nutzer über Sicherheitspraktiken und die Erkennung von Betrugsversuchen aufklärt.

Förderung der Innovation: Ein gut informiertes Publikum kann die Entwicklung und Akzeptanz neuer Technologien fördern, was zu einer breiteren Anwendung und Innovation führt.

Bildungsinitiativen und -ressourcen

Universitätskurse: Immer mehr Hochschulen und Universitäten bieten Kurse und Spezialisierungen in Kryptowährungen und Blockchain an. Diese Kurse reichen von Einführungsveranstaltungen bis hin zu fortgeschrittenen Studien, die technische, rechtliche und wirtschaftliche Aspekte abdecken.

Online-Lernplattformen: Plattformen wie Coursera, Udemy und Khan Academy bieten eine Vielzahl von Kursen und Tutorials zum Selbststudium an, die grundlegende Konzepte und fortgeschrittene Techniken vermitteln.

Workshops und Seminare: Viele Organisationen und Blockchain-Unternehmen veranstalten Workshops und Seminare, um Wissen zu teilen und Diskussionen über die neuesten Entwicklungen und Trends anzustoßen.

Community- und Peer-Learning: Online-Foren, soziale Medien und Meetup-Gruppen bieten Gelegenheiten für informelles Lernen und Erfahrungsaustausch unter Gleichgesinnten.

Herausforderungen und Überlegungen

Qualität und Verlässlichkeit: Angesichts der Menge an verfügbaren Informationen ist es wichtig, auf die Qualität und Verlässlichkeit der Bildungsressourcen zu achten.

Zugänglichkeit und Inklusion: Bildungsangebote müssen zugänglich und inklusiv sein, um eine breite Teilnahme zu ermöglichen, unabhängig von geografischer Lage, Vorkenntnissen oder finanziellen Mitteln.

Anpassung an technologische Entwicklungen: Bildungsprogramme müssen ständig aktualisiert werden, um mit den schnellen Veränderungen in der Technologie Schritt zu halten.

Zukunftsaussichten

Integration in reguläre Bildungscurricula: Es ist zu erwarten, dass Kryptowährungen und Blockchain zunehmend in die Curricula regulärer Bildungseinrichtungen integriert werden, von der Sekundarstufe bis zur Hochschulbildung.

Berufliche Weiterbildung: Angesichts der wachsenden Nachfrage nach Fachkräften in der Blockchain-Industrie werden berufliche Weiterbildungsprogramme eine wichtige Rolle spielen.

Öffentliche Aufklärungskampagnen: Regierungen und Regulierungsbehörden könnten Aufklärungskampagnen initiieren, um das Bewusstsein und Verständnis für Kryptowährungen und Blockchain in der breiten Öffentlichkeit zu fördern.

Fazit

Bildung und Krypto-Literacy sind entscheidend für die sichere und effektive Teilnahme an der neuen digitalen Wirtschaft. Durch die Bereitstellung von Ressourcen und Lernmöglichkeiten können Einzelpersonen befähigt werden, die Vorteile dieser Technologien zu nutzen und gleichzeitig die Risiken zu minimieren. Die kontinuierliche Weiterentwicklung von Bildungsinitiativen wird eine Schlüsselrolle bei der Formung der Zukunft von Kryptowährungen und Blockchain spielen.

Kapitel 34: Widerstände und Kritik gegenüber der bargeldlosen Zukunft

Einführung

Die Vision einer bargeldlosen Gesellschaft, in der alle finanziellen Transaktionen digital abgewickelt werden, stößt nicht überall auf Zustimmung. Trotz der offensichtlichen Vorteile wie Bequemlichkeit und Effizienz gibt es bedeutende Bedenken und Herausforderungen, die berücksichtigt werden müssen. Dieses Kapitel beleuchtet die Kritikpunkte und potenziellen Hindernisse auf dem Weg zu einer vollständig bargeldlosen Gesellschaft.

Datenschutz und Überwachung

Datenschutz: Die digitale Natur aller Transaktionen in einer bargeldlosen Gesellschaft wirft ernsthafte Datenschutzbedenken auf. Jede Transaktion hinterlässt digitale Spuren, die potenziell überwacht und analysiert werden können.

Überwachung: Die Zentralisierung von Zahlungssystemen gibt Regierungen und Finanzinstitutionen die Möglichkeit, Finanztransaktionen detailliert zu überwachen, was Bedenken hinsichtlich staatlicher Überwachung und Kontrolle aufwirft.

Technologische Barrieren und Sicherheitsrisiken

Zugang zu Technologie: Eine vollständig bargeldlose Gesellschaft setzt voraus, dass jeder Zugang zu den notwendigen technologischen Mitteln hat, was in ländlichen oder ärmeren Regionen nicht immer der Fall ist.

Cybersicherheit: Mit dem zunehmenden Fokus auf digitale Transaktionen steigt auch das Risiko von Cyberangriffen, Betrug und technischen Störungen, die das Vertrauen in das Finanzsystem untergraben können.

Soziale und wirtschaftliche Auswirkungen

Finanzielle Exklusion: Bestimmte Bevölkerungsgruppen, darunter ältere Menschen, Menschen ohne festen Wohnsitz und solche mit schlechter Bonität, könnten von den Finanzdienstleistungen ausgeschlossen werden, wenn diese ausschließlich digital angeboten werden.

Verlust der Anonymität: Bargeld ermöglicht anonyme Transaktionen, was bei digitalen Zahlungsmethoden nicht immer gewährleistet ist. Dies betrifft nicht nur den Datenschutz, sondern auch die Freiheit des Einzelnen, ohne digitale Überwachung zu agieren.

Regulatorische und ethische Fragen

Regulierung des digitalen Raums: Die Regulierung digitaler Währungen und Zahlungssysteme ist komplex und erfordert internationale Kooperation, um effektiv zu sein. Dies wirft Fragen der Souveränität und der globalen Standards auf.

Ethische Bedenken: Die zunehmende Digitalisierung der Finanzwelt wirft ethische Fragen auf, etwa bezüglich der Rolle von Algorithmen in Entscheidungsprozessen und der Verantwortung bei Fehlern oder Missbrauch.

Zukunftsperspektiven

Entwicklung inklusiver Technologien: Für den erfolgreichen Übergang zu einer bargeldlosen Gesellschaft ist die Entwicklung von Technologien erforderlich, die inklusiv sind und keinen Teil der Bevölkerung ausschließen.

Stärkung der Cybersicherheit: Investitionen in Cybersicherheit und die Entwicklung robuster Systeme zum Schutz vor Angriffen und Störungen sind entscheidend.

Förderung von Transparenz und Vertrauen: Die Schaffung transparenter Systeme, die den Nutzern Kontrolle und Einblick in ihre Daten und Transaktionen bieten, kann helfen, Vertrauen aufzubauen.

Fazit

Die Bewegung hin zu einer bargeldlosen Gesellschaft birgt sowohl vielversprechende Möglichkeiten als auch signifikante Herausforderungen. Datenschutz, technologische Zugänglichkeit, Cybersicherheit und soziale Inklusion sind zentrale Themen, die angegangen werden müssen, um eine gerechte und sichere bargeldlose Zukunft zu gewährleisten. Die Balance zwischen den Vorteilen der Digitalisierung und dem Schutz der individuellen Freiheiten wird entscheidend sein für die Akzeptanz und den Erfolg einer vollständig digitalen Finanzwelt.

Kapitel 35: Visionen und Prognosen für die Zukunft

Visionen und Prognosen für die Zukunft
Einführung

Die globale Adoption von Bitcoin und Blockchain-Technologie hat das Potenzial, die Art und Weise, wie wir über Finanzen, Sicherheit, Identität und sogar über das Governance-Modell von Daten denken, grundlegend zu verändern. Während diese Technologien weiterhin reifen und sich entwickeln, bieten sie spannende Möglichkeiten für die Zukunft. Dieses Kapitel untersucht mögliche Zukunftsszenarien und die langfristigen Auswirkungen dieser Technologien.
Zukunftsszenarien

Universelle Finanzintegration: Die vollständige Integration von Blockchain in das globale Finanzsystem könnte zu einer universellen Finanzplattform führen, die grenzüberschreitende Transaktionen vereinfacht, Kosten senkt und finanzielle Inklusion weltweit fördert.

Dezentrale Autonomie: Die Weiterentwicklung von Smart Contracts und dezentralen autonomen Organisationen (DAOs) könnte zu einer neuen Form der Unternehmensführung führen, die transparenter, effizienter und demokratischer ist als traditionelle Modelle.

Digitale Souveränität: Mit der zunehmenden Verbreitung digitaler Identitäten, die auf Blockchain basieren, könnten Individuen eine größere Kontrolle über ihre persönlichen Daten erlangen, was zu einer neuen Ära der digitalen Privatsphäre und Sicherheit führt.

Tokenisierte Wirtschaft: Die Tokenisierung von Vermögenswerten, einschließlich Immobilien, Kunst und sogar intellektuellem Eigentum, könnte zu einer effizienteren und liquideren Marktstruktur führen, in der Vermögenswerte leichter gehandelt und investiert werden können.

Langfristige Auswirkungen

Veränderung des Geldsystems: Die zunehmende Akzeptanz von Kryptowährungen könnte das traditionelle Geldsystem herausfordern und möglicherweise zu einer Neubewertung der Rolle von Zentralbanken und Fiat-Währungen führen.

Erhöhung der Markttransparenz: Blockchain könnte die Transparenz in verschiedenen Sektoren, einschließlich des Finanzsektors und der Lieferketten, signifikant erhöhen, was Betrug verringert und Effizienz steigert.

Demokratisierung des Zugangs zu Finanzen: Durch die Beseitigung von Zwischenhändlern und die Senkung von Eintrittsbarrieren könnten Blockchain und Kryptowährungen einen demokratischeren Zugang zu Finanzdienstleistungen ermöglichen.

Neue rechtliche und regulatorische Herausforderungen: Die weltweite Einführung von Blockchain-Technologie wird neue rechtliche und regulatorische Fragen aufwerfen, die angegangen werden müssen, um Verbraucherschutz zu gewährleisten und Missbrauch zu verhindern.

Herausforderungen und Überlegungen

Skalierbarkeit und Performance: Für eine globale Adoption müssen Blockchain-Netzwerke in der Lage sein, mit der Anforderung an hohe Transaktionsvolumina umzugehen, ohne Kompromisse bei Geschwindigkeit und Effizienz einzugehen.

Interoperabilität: Die Fähigkeit unterschiedlicher Blockchain-Systeme, nahtlos miteinander zu interagieren, ist entscheidend für die Schaffung eines zusammenhängenden globalen Ökosystems.

Nachhaltigkeit: Angesichts der Bedenken hinsichtlich des Energieverbrauchs einiger Blockchain-Netzwerke ist die Entwicklung nachhaltigerer Lösungen von entscheidender Bedeutung.

Fazit

Die Zukunft von Bitcoin, Blockchain und verwandten Technologien ist reich an Potenzial und bietet spannende Möglichkeiten für Veränderungen in fast allen Aspekten des gesellschaftlichen und wirtschaftlichen Lebens. Während Herausforderungen bestehen, deutet die Richtung der aktuellen Entwicklungen auf eine zunehmend integrierte, effiziente und inklusive Welt hin, in der Blockchain-Technologie eine zentrale Rolle spielt. Die Fähigkeit, diese Technologien verantwortungsbewusst und zum Wohl aller zu nutzen, wird entscheidend sein, um die vielversprechendsten Aspekte dieser Visionen zu realisieren.

Die Welt der Kryptowährungen bietet eine breite Palette an Optionen für Kauf, Verkauf und Handel. Neben den etablierten Namen wie Bitcoin (BTC), Ethereum (ETH) und Ripple (XRP) gibt es zahlreiche Altcoins und Token, die in verschiedenen Nischen und für verschiedene Anwendungsfälle entwickelt wurden. Hier sind einige interessante Optionen, die in den letzten Jahren Aufmerksamkeit erregt haben:

Binance Coin (BNB): Ursprünglich als Utility-Token für die Binance-Kryptowährungsbörse eingeführt, wird BNB auch für Transaktionsgebühren auf der Plattform und in Binance's dezentralisiertem Ökosystem verwendet.

Chainlink (LINK): Ein dezentralisiertes Orakel-Netzwerk, das Smart Contracts mit Daten aus der realen Welt verbindet. LINK ist der Token, der innerhalb des Chainlink-Netzwerks verwendet wird.

Polkadot (DOT): Konzentriert sich auf die Interoperabilität zwischen Blockchains, erlaubt Polkadot den Transfer jeglicher Art von Daten oder Assets zwischen verschiedenen Blockchains.

Cardano (ADA): Entwickelt mit einem wissenschaftlichen Ansatz, zielt Cardano darauf ab, eine nachhaltige und skalierbare Blockchain-Plattform für Smart Contracts und dApps zu sein.

Solana (SOL): Bekannt für seine hohe Geschwindigkeit und geringen Transaktionskosten, ist Solana eine Blockchain-Plattform, die für dezentrale Anwendungen und Krypto-Projekte optimiert ist.

Uniswap (UNI): UNI ist der Governance-Token des Uniswap-Protokolls, einer dezentralen Finanzplattform, die für den Austausch von ERC-20-Token auf Ethereum verwendet wird.

Aave (AAVE): Eine dezentrale Finanzprotokoll-Plattform, die es Benutzern ermöglicht, Krypto-Assets zu leihen und zu verleihen. AAVE ist der Governance-Token des Protokolls.

Terra (LUNA): Terra ist ein Blockchain-Protokoll, das stabile Coins verwendet, die an die Preise von Fiat-Währungen gebunden sind, um ein stabiles Zahlungssystem zu schaffen.

Avalanche (AVAX): Eine Plattform für dezentrale Anwendungen und benutzerdefinierte Blockchain-Netzwerke, die sich durch hohe Durchsatzraten und kurze Verzögerungszeiten auszeichnet.

Decentraland (MANA): Eine virtuelle Realität Plattform, die auf der Ethereum-Blockchain läuft, ermöglicht es Benutzern, Land zu kaufen, das sie dann navigieren, bebauen und monetarisieren können.

Handel mit Kryptowährungen

Der Handel mit diesen und anderen Kryptowährungen erfolgt in der Regel über Online-Börsen, die eine Plattform für den Kauf und Verkauf von Krypto-Assets bieten. Zu den beliebten Börsen gehören Binance, Coinbase, Kraken und Bitstamp. Vor dem Handel ist es wichtig, die Marktdynamik zu verstehen und Risikomanagementstrategien zu berücksichtigen, da der Kryptomarkt für seine Volatilität bekannt ist.

Fazit

Der Kryptowährungsmarkt ist vielfältig und ständig in Entwicklung. Neue Projekte und Coins entstehen regelmäßig, jedes mit seinen eigenen Besonderheiten und Anwendungsfällen. Investoren und Händler sollten stets ihre Due Diligence durchführen, um fundierte Entscheidungen zu treffen, und sich über die neuesten Entwicklungen in der Krypto-Welt auf dem Laufenden halten.

Reich werden durch Kryptowährungen noch möglich? Dieser Coin könnte bald explodieren

Neben der fortschrittlichen Technologie und der völligen Dezentralität sind es vor allem die Möglichkeiten, die Kryptowährungen als Investment mit sich bringen, die sie für viele interessant machen. Viele wissen gar nicht so richtig, was es mit den digitalen Währungen auf sich hat, kennen aber die zahlreichen Geschichten derer, die durch Kryptowährungen reich geworden sind und wollen die Gelegenheit nicht verpassen. Ist es heute überhaupt noch möglich durch Kryptowährungen reich zu werden, oder sind diese Zeiten schon lange vorbei?

Zu verlockend ist die Idee vom schnellen Geld. Gefühlt zieht eine Gelegenheit nach der anderen vorbei und viele verpassen ihre Chance. Im Nachhinein weiß man es meist besser. Wie schön wäre es gewesen, Bitcoin bereits 2011 für einen Dollar gekauft zu haben und am besten beim Hoch von knapp 70.000 Dollar verkauft zu haben? Auch beim Ether ist es noch gar nicht so lange her, dass der Kurs weit unter 1 Dollar gelegen hat.

Auch wenn bullische Prognosen von einem Bitcoin-Kurs bis zu 100 Millionen Dollar in absehbarer Zeit ausgehen, ist es inzwischen doch eher schwer, mit den größten Kryptowährungen nach Marktkapitalisierung noch reich zu werden, zumindest wenn die Anfangsinvestition nicht hoch genug ist. Mit kleineren Coins ist das dagegen zwar leichter möglich, allerdings auch mit mehr Risiko verbunden.

Ein Coin mit einer Marktkapitalisierung von 1 – 10 Millionen Dollar kann eben schnell wieder vollständig von der Bildfläche verschwinden, oder seinen Wert verhundertfachen oder sogar vertausendfachen. Hier können noch schnell aus 1.000 Dollar eine Million werden, wie PEPE das erst vor kurzem weiter gezeigt hat. Ein weiterer Coin, der schon bald um das 10-fache steigen könnte, ist Chimpzee

Chimpzee: Geld verdienen und dabei Gutes tun

Mit Chimpzee ($CHMPZ) kommt ein Coin auf den Markt, bei dem es sich das Team zur Aufgabe gemacht hat, die Umwelt zu schützen. Dabei handelt es sich nicht nur um einen Spruch auf der Website, der marketingtechnisch gut ankommt. Das Team hinter dem Projekt packt auch schon im Presale dort mit an, wo es nötig ist.

So wurden in den letzten Wochen, seit der Vorverkauf der $CHMPZ-Token läuft, bereits 20.000 Bäume in Guatemala gepflanzt und auch zum Wiederaufbau des brasilianischen Regenwaldes wurden bereits weitere Bäume gepflanzt. Außerdem wurden bereits tausende Dollar für den Schutz von Elefanten und des schwarzen Jaguars gespendet. Auf der Chimpzee-Website gibt es eine ganze Liste von Organisationen, mit denen das Team zusammenarbeiten möchte.

Auch in der Tokenomics des Projekts ist der gute Zweck fest verankert. 10 % der Token sind für Organisationen und Spenden reserviert. Aber auch abgesehen davon macht ein Blick auf die Roadmap schnell klar, dass man viel tun will, um neben der Möglichkeit, Geld zu verdienen, auch zu helfen.

Umfangreiche Roadmap

Während sich viele Krypto-Projekte nach dem Launch höchstens noch um das Marketing Gedanken machen, um den Kurs möglichst weit in die Höhe zu treiben, kommt Chimpzee mit einer Roadmap, die es in sich hat. Dabei soll es auch für Investoren zahlreiche Möglichkeiten geben, mit Chimpzee Geld zu verdienen.

Dass das Projekt großes Potenzial hat, Anleger in Zukunft noch hohe Renditen einzubringen, sehen auch die zahlreichen Investoren so, die $CHMPZ-Token bereits für rund 1,2 Millionen Dollar gekauft haben. Bereits in 2 Tagen wird der Preise erneut angehoben, sodass sich ein früher

Einstieg schon bald lohnen kann und sich schon bis zum Listing ein hoher Buchgewinn ergibt, der nach dem Listing an den Kryptobörsen noch deutlich höher ausfallen kann.

Jetzt noch rechtzeitig $CHMPZ im Presale kaufen.

Belohnungshalbierung

Bitcoin-Halving steht kurz bevor: So rentabel ist Bitcoin-Mining aktuell

Voraussichtlich Mitte April dürfte das nächste Bitcoin-Halving geschehen. Dabei werden die Bitcoin-Belohnungen halbiert, die Schürfer für das Setzen von Blöcken in der Blockchain erhalten. Das Halving wirkt sich also direkt auf das Bitcoin-Mining und die Rentabilität der Schürfer aus.

- Bitcoin-Halving für April 2024 erwartet
- Halbierung der Schürfbelohnung mit direkter Auswirkung auf Rentabilität der Mining-Unternehmen
- Bitcoin-Miner bereiten sich auf Belohnungshalbierung vor

In der Kryptowelt wird das Bitcoin-Halving Mitte April 2024 bereits mit Spannung erwartet. Beim Halving handelt es sich um ein fest im Code des Bitcoins verankertes Ereignis, welches jedes Mal ausgelöst wird, wenn 210.000 neue Blöcke der

Bitcoin-Blockchain hinzugefügt werden. Dann verringert sich die Belohnung, die Schürfer für das Fortsetzen der Kette in Form von Bitcoins erhalten, um die Hälfte. Aktuell erhalten Bitcoin-Miner für ihre Bemühungen und das zur Verfügung stellen ihrer Rechenkapazität für jeden Block noch 6,25 BTC. Nach dem Halving, welches auch Halvening genannt wird, werden es nur noch 3,125 digitale Münzen sein.

Es ist bereits das vierte Halving in der Geschichte des Bitcoin. Der Mechanismus wird sich so lange wiederholen, bis insgesamt 21 Millionen Bitcoins ausgegeben wurden, dann ist laut dem Bitcoin-Whitepaper Schluss. In der Kryptocommunity wird das Halving auch deshalb mit großer Spannung erwartet, weil es sich deutlich auf den Bitcoin-Kurs auswirken kann. Auch wenn es an dem Halbierungstag selbst negative Auswirkungen haben kann, stand der Kurs ein Jahr später immer deutlich höher da.

Bitcoin-Miner müssen mit höheren Kosten rechnen

Für Bitcoin-Miner ist das Halving natürlich von besonderer Bedeutung, da hier das gesamte Geschäftsmodell von der Belohnungshalbierung betroffen ist. Schließlich wird mit mehr Blöcken in der Blockchain einmal mehr Rechenkapazität nötig, um zu schürfen, auf der anderen Seite erhält man für den höheren Aufwand weniger Bitcoin. Zudem hängt die Rentabilität vom Bitcoin-Mining auch viel vom etwaigen Preis der Digitaldevise ab. Aktuell, da der Bitcoinkurs wieder deutlich ansteigt und jüngst auch über das Niveau von 53.000 US-Dollar stieg, läuft das Geschäft für Bitcoin-Schürfer wieder besser. Laut BTC-Echo nehmen Miner aktuell pro Tag rund 45 Millionen US-Dollar ein.

Wie ein Bericht von CoinShares errechnet hat, dürften die durchschnittlichen Kosten von Schürfern durch das Halving jedoch deutlich steigen. So hätten die durchschnittlichen Produktions- und Bargeldkosten im dritten Quartal 2023 noch bei rund 16.800 und 25.000 US-Dollar pro Bitcoin gelegen. Diese Zahlen dürften auf 27.900 bzw. 37.800 US-Dollar steigen. Das heißt, um weiterhin rentabel arbeiten zu können, müsste der Bitcoinkurs über diesen Preisen rangieren.

Natürlich kommt das Halving für die professionellen Bitcoin-Mining-Unternehmen nicht überraschend, sie hatten dementsprechend Zeit sich vorzubereiten und die Flotteneffizienz ihrer Schürfmaschinen zu verbessern. Allerdings ist das Potenzial zur Kostenoptimierung auch begrenzt, da sich der Strom- und Energieverbrauch, der benötigt wird, um die gleiche Menge an Bitcoin zu schürfen, mit dem Halving deutlich erhöht. Laut CoinShares machen die Stromkosten je BTC vor und auch nach dem Mining der Kryptowährung rund 68 bzw. 71 Prozent der Gesamtkosten von Bitcoin-Schürfern aus.

Es zeichnet sich also bereits ab, dass nicht alle Bitcoin-Mining-Unternehmen das Halving langfristig auch überleben werden. Nur die effizientesten und am besten positionierten Unternehmen werden auch weiterhin rentabel bleiben können. Dieser Ansicht ist Luxor Technology-COO Ethan Vera, wie er gegenüber Investopedia verriet: "Viele Unternehmen stecken in Stromverträgen fest oder profitieren von den Bruttoeinnahmen und könnten daher weiter schürfen, obwohl sie nicht rentabel sind. Die Bilanzen der Unternehmen werden darüber entscheiden, wie lange sie damit überleben können".

Vorbereitung läuft auf Hochtouren

Wie DL News schreibt, sei die Bitcoin-Hashrate bei vergangenen Halbierungen stets kurzfristig abgesackt, da Schürfer das Handtuch hätten werfen müssen. Laut einer Analyse von Galaxy Digital könnten bis zu 20 Prozent der Netzwerk-Hashrate in Folge des Halving offline gehen. Mit der Zeit geht die Rate dann jedoch wieder aufwärts, wenn andere Schürfer den Platz der gescheiterten Miner übernommen haben.

Um rentabel zu bleiben, ist beispielsweise das Schürf-Unternehmen Marathon Digital aktuell auf der Suche nach Gelegenheiten, sich noch vor dem Halving zu verstärken. So hat das Kryptounternehmen laut DL News bereits im Januar zwei Bitcoin-Mining-Stätten in Texas und Nebraska für 178 Millionen US-Dollar gekauft. Marathon Digitals Charlie Schumacher, Vize-Präsident für Unternehmenskommunikation, äußert sich gegenüber dem Portal wie folgt: "Wir haben dies bereits vor der Halbierung proaktiv getan. Wir haben uns nach Standorten umgesehen, die wir kaufen können".

Auch das Bitcoin-Mining-Unternehmen CleanSpark hat sich laut DL News erst kürzlich mit zwei neuen Schürfstätten verstärkt und beabsichtigt, eine weitere für 19,8 Millionen US-Dollar zuzukaufen. Riot Platforms hingegen äußerte laut Investopedia, dass es sich vor der Halbierung als einer der "kostengünstigsten Miner" positioniert hat. In einem Statement vom Januar hieß es außerdem: "Riot beabsichtigt auch, unsere Fähigkeit zu nutzen, Bitcoin mit einem erheblichen Abschlag zum aktuellen Marktpreis zu erwerben, indem wir einen größeren Anteil unserer monatlichen Bitcoin-Produktion in naher Zukunft behalten. Dies wird durch unser starkes Liquiditätsprofil ermöglicht und wird unsere Position als einer der größten Bitcoin-Inhaber weiter festigen".

Steigende Transaktionsgebühren helfen Bitcoin-Schürfern

Allerdings spielt ein anderer Effekt Bitcoin-Mining-Unternehmen aktuell in die Karten. So erhalten die Schürfer zusätzlich zu der BTC-Belohnung auch eine Gebühr, wenn sie eine Bitcoin-Transaktion verarbeiten und bestätigen. Die zunehmende Beliebtheit von Bitcoin-Ordinals, also NFTs, die auf der Bitcoin-Blockchain basieren, hat auch diese Transaktionsgebühren in die Höhe getrieben, die Bitcoin-Miner erhalten. Diese Gebühren unterliegen jedoch enormen Schwankungen. So resümiert Forbes in einem Artikel, dass sie in 2023 zwischen 3,9 Bitcoin und 0,08 Bitcoin gelegen hätten. Mit der Halbierung der Schürfbelohnung könnten die Transaktionsgebühren für Mining-Unternehmen demnach eine wichtigere Rolle einnehmen. So schreibt das Portal, dass Miner aktuell nur durch die Transaktionsgebühren allein rund 14.000 US-Dollar pro Block erhalten. Die Zukunft vom Bitcoin-Mining könnte damit auch mit der wachsenden Beliebtheit von Bitcoin-Ordinals zusammenhängen.

support@revolut.com
support@monese.com
service@traderepublic.com
support@coinbase.com
support@bidpanda.com

($$$) Money , (1337) 1337 , (1CR) 1CRedit , (1ST) First Blood , (2GIVE) 2GIVE , (42) 42-coin , (420G) GanjaCoin , (611) SixEleven , (808) 808Coin , (888) OctoCoin , (8BIT) 8Bit , (ABN) Abncoin , (ABY) ArtByte , (AC) AsiaCoin , (ACCI) NxttyACCI , (ACES) Aces , (ACN) Avoncoin , (ACOIN) Acoin , (ACP) AnarchistsPrime , (ADC) AudioCoin , (ADCN) Asiadigicoin , (ADT) The Aladin , (ADZ) Adzcoin , (AEON) Aeon , (AGLC) AgrolifeCoin , (AGRS) Agoras Tokens , (AIB) Advanced Internet Blocks , (ALL) Allion , (ALT) Altcoin , (ALTC) Antilitecoin , (AMBER) AmberCoin , (AMIS) AMIS , (AMP) Synereo , (AMS) AmsterdamCoin , (ANC) Anoncoin , (ANS) AntShares , (ANTI) AntiBitcoin , (APC) AlpaCoin , (ARB) ARbit , (ARC) Arcade Token , (ARC) ArcticCoin , (ARCO) AquariusCoin , (ARDR) Ardor , (ARG) Argentum , (ARGUS) Argus , (ARI) Aricoin , (ARK) Ark , (ASAFE) AllSafe , (ASC) AsicCoin , (ATMS) Atmos , (ATOM) Atomic Coin , (ATX) Artex Coin , (AU) AurumCoin , (AUM) Alexium , (AUR) Auroracoin , (AV) AvatarCoin , (AXF) AxFunds , (B@) Bankcoin , (B3) B3Coin , (BAC) BitAlphaCoin , (BASH) LuckChain , (BAY) BitBay , (BCC) BitConnect , (BCF) BitcoinFast , (BCN) Bytecoin , (BCY) Bitcrystals , (BELA) BelaCoin , (BENJI) BenjiRolls , (BERN) BERNcash , (BEST) BestChain , (BGC) BagCoin , (BIC) Bikercoin , (BIGUP) BigUp , (BIOB) BioBar , (BIOS) BiosCrypto , (BIP) BipCoin , (BIT) First Bitcoin , (BITB) BitBean , (BITBTC) bitBTC , (BITCNY) bitCNY , (BITEUR)

bitEUR , (BITGOLD) bitGold , (BITS) Bitstar , (BITSILVER) bitSilver , (BITUSD) bitUSD , (BITZ) Bitz , (BLAZR) BlazerCoin , (BLC) Blakecoin , (BLITZ) Blitzcash , (BLK) BlackCoin , (BLOCK) Blocknet , (BLOCKPAY) BlockPay , (BLRY) BillaryCoin , (BLU) BlueCoin , (BLZ) BlazeCoin , (BOAT) Doubloon , (BOB) Dobbscoin , (BOLI) Bolivarcoin , (BOST) BoostCoin , (BPC) Bitpark Coin , (BRAIN) Braincoin , (BRIT) BritCoin , (BRK) Breakout , (BRX) Breakout Stake , (BSC) BowsCoin , (BSD) BitSend , (BSTAR) Blackstar , (BSTY) GlobalBoost-Y , (BTA) Bata , (BTB) BitBar , (BTCD) BitcoinDark , (BTCR) Bitcurrency , (BTCS) Bitcoin Scrypt , (BTD) Bitcloud , (BTG) Bitgem , (BTM) Bitmark , (BTQ) BitQuark , (BTS) BitShares , (BTSR) BTSR , (BTU) Bitcoin Unlimited (Futures) , (BUCKS) SwagBucks , (BUK) CryptoBuck , (BUMBA) BumbaCoin , (BUN) BunnyCoin , (BURN) President Sanders , (BURST) Burst , (BVC) BeaverCoin , (BXC) Bitcedi , (BXT) BitTokens , (BYC) Bytecent , (C2) Coin2.1 , (CAB) Cabbage , (CADASTRAL) Bitland , (CAGE) CageCoin , (CALC) CaliphCoin , (CANN) CannabisCoin , (CAP) Bottlecaps , (CARBON) Carboncoin , (CASH) Cashcoin , (CASINO) Casino , (CBD) CBD Crystals , (CBX) Crypto Bullion , (CC) CyberCoin , (CCM100) CCMiner , (CCN) Cannacoin , (CCRB) CryptoCarbon , (CDN) Canada eCoin , (CESC) CryptoEscudo , (CF) Californium , (CHAO) 23 Skidoo , (CHC) ChainCoin , (CHESS) ChessCoin , (CHOOF) ChoofCoin , (CJ) Cryptojacks , (CLAM) Clams ,

(CLINT) Clinton , (CLOAK) CloakCoin , (CLUB) ClubCoin , (CME) Cashme , (CMT) Comet , (CNC) CHNCoin , (CNO) Coin(O) , (CNT) Centurion , (CON) PayCon , (CONX) Concoin , (CORG) CorgiCoin , (COVAL) Circuits of Value , (COXST) CoExistCoin , (CPC) Capricoin , (CRB) Creditbit , (CREVA) CrevaCoin , (CRT) CRTCoin , (CRW) Crown , (CRX) Chronos , (CSC) CasinoCoin , (CSH) Cashout , (CTO) Crypto , (CUBE) DigiCube , (CURE) CureCoin , (CV2) Colossuscoin V2 , (CWXT) CryptoWorldX Token , (CXT) Coinonat , (CYC) Cycling Coin , (CYP) Cypher , (DAR) Darcrus , (DASH) Dash , (DASHS) Dashs , (DBG) Digital Bullion Gold , (DBIC) DubaiCoin , (DBIX) DubaiCoin , (DBTC) Debitcoin , (DCR) Decred , (DCRE) DeltaCredits , (DCT) Decent (Pre-Launch) , (DEM) Deutsche eMark , (DES) Destiny , (DEUS) DeusCoin , (DEX) InstantDEX , (DGB) DigiByte , (DGC) Digitalcoin , (DGCS) Digital Credits , (DGD) DigixDAO , (DIBC) DIBCOIN , (DIME) Dimecoin , (DISK) DarkLisk , (DIX) Dix Asset , (DLC) Dollarcoin , (DLISK) DAPPSTER , (DMC) DynamicCoin , (DMD) Diamond , (DOGE) Dogecoin , (DOLLAR) Dollar Online , (DOPE) DopeCoin , (DOT) Dotcoin , (DP) DigitalPrice , (DPAY) DPAY , (DRACO) DT Token , (DRAGON) BTCDragon , (DRM) Dreamcoin , (DRS) Digital Rupees , (DSH) Dashcoin , (DTB) Databits , (DTF) Digitalfund , (DUB) Dubstep , (DUO) ParallelCoin , (DVC) Devcoin , (DWC) DeepWebCash , (DYN) Dynamic , (EAC) EarthCoin , (EB3) EB3 Coin , (EBT) Ebittree Coin , (ECC) E-Currency Coin ,

(ECN) E-coin , (EDG) Edgeless , (EDR) E-Dinar Coin , (EDRC) EDRCoin , (EFL) e-Gulden , (EGC) EvergreenCoin , (EGG) EggCoin , (EGO) EGO , (EL) Elcoin , (ELC) Elacoin , (ELE) Elementrem , (ELS) Elysium , (EMC) Emercoin , (EMC2) Einsteinium , (EMD) Emerald Crypto , (EMV) Ethereum Movie Venture , (ENRG) Energycoin , (ENT) Eternity , (ERC) EuropeCoin , (ERY) Eryllium , (ESP) Espers , (ETC) Ethereum Classic , (ETH) Ethereum , (EUC) Eurocoin , (EVIL) Evil Coin , (EVO) Evotion , (EXCL) ExclusiveCoin , (EXP) Expanse , (FAIR) FairCoin , (FAZZ) Fazzcoin , (FC2) FuelCoin , (FCN) Fantomcoin , (FCT) Factom , (FDC) Future Digital Currency , (FEDS) FedoraShare , (FFC) FireFlyCoin , (FIRE) Firecoin , (FJC) FujiCoin , (FLAX) Flaxscript , (FLDC) FoldingCoin , (FLO) FlorinCoin , (FLT) FlutterCoin , (FLVR) FlavorCoin , (FLY) Flycoin , (FRC) Freicoin , (FRGC) Fargocoin , (FRK) Franko , (FRN) Francs , (FRST) FirstCoin , (FRWC) FrankyWillCoin , (FST) Fastcoin , (FTC) Feathercoin , (FUN) Alphabet Coin Fund , (FUND) Cryptofund , (FUNK) The Cypherfunks , (FUZZ) FuzzBalls , (G3N) G3N , (GAIA) GAIA , (GAIN) UGAIN , (GAM) Gambit , (GAME) GameCredits , (GAP) Gapcoin , (GARY) President Johnson , (GAY) GAYcoin , (GB) GoldBlocks , (GBC) GBCGoldCoin , (GBG) Golos Gold , (GBRC) Global Business Revolution , (GBT) GameBet Coin , (GBYTE) Byteball , (GCC) GuccioneCoin , (GCC) TheGCCcoin , (GCN) GCoin , (GCR) Global Currency Reserve ,

(GEERT) GeertCoin , (GEMZ) GetGems , (GEO) GeoCoin , (GLC) GlobalCoin , (GLD) GoldCoin , (GMB) Gambleo , (GMF) Grumfork , (GML) GameLeagueCoin , (GMX) GoldMaxCoin , (GNT) Golem , (GOLOS) Golos , (GP) GoldPieces , (GPU) GPU Coin , (GRC) GridCoin , (GREV2) Greencoin , (GRN) Granite , (GRS) Groestlcoin , (GRT) Grantcoin , (GUA) Guarany , (GUN) Guncoin , (GUP) Guppy (Pre-Launch) , (HAL) Halcyon , (HAM) HamRadioCoin , (HBN) HoboNickels , (HCC) Happy Creator Coin , (HEAT) HEAT , (HILL) President Clinton , (HIRO) Hirocoin , (HKG) Hacker Gold , (HLB) Lepaoquan , (HMC) Hommalicoin , (HMP) HempCoin , (HNC) Helleniccoin , (HODL) HOdlcoin , (HONEY) Honey , (HPC) Happycoin , (HTC) HitCoin , (HTML5) HTMLCOIN , (HUC) HunterCoin , (HVCO) High Voltage , (HXX) Hexx , (HYP) HyperStake , (HZ) Horizon , (I0C) I0Coin , (IBANK) iBank , (ICASH) iCash , (ICN) Iconomi , (ICOB) ICOBID , (ICON) Iconic , (ICOO) ICO OpenLedger , (IFC) Infinitecoin , (IFLT) InflationCoin , (IMPCH) Impeachcoin , (IMPS) ImpulseCoin , (IMS) Independent Money System , (IMX) Impact , (INCNT) Incent , (INFX) Influxcoin , (INPAY) Inpay , (INSANE) InsaneCoin , (IOC) I/O Coin , (ION) ION , (IOP) Internet of People , (ISL) IslaCoin , (IVZ) InvisibleCoin , (IXC) Ixcoin , (J) Joincoin , (JIN) Jin Coin , (JINN) Jinn , (JIO) JIO Token , (JNS) Janus , (JOBS) JobsCoin , (JWL) Jewels , (KASHH) KashhCoin , (KED) Darsek , (KLC) KiloCoin , (KMD) Komodo , (KOBO)

Kobocoin , (KORE) KoreCoin , (KRB) Karbowanec , (KTN) KarmaToken , (KURT) Kurrent , (KUSH) KushCoin , (LANA) LanaCoin , (LAZ) Lazaruscoin , (LBC) LBRY Credits , (LDCN) LandCoin , (LDOGE) LiteDoge , (LEA) LeaCoin , (LEC) LeCoin , (LEO) LEOcoin , (LEPEN) LePen , (LEX) Lex4All , (LFC) BigLifeCoin , (LIR) LetItRide , (LKC) LinkedCoin , (LKK) Lykke , (LMC) LoMoCoin , (LOG) Woodcoin , (LOT) LottoCoin , (LSK) Lisk , (LTB) LiteBar , (LTBC) LTBcoin , (LTC) Litecoin , (LTCR) Litecred , (LTH) LAthaan , (LUNA) Luna Coin , (LVPS) LevoPlus , (MAC) Machinecoin , (MAD) SatoshiMadness , (MAID) MaidSafeCoin , (MAR) Marijuanacoin , (MARX) MarxCoin , (MAVRO) Mavro , (MAX) MaxCoin , (MBIT) Mbitbooks , (MBL) MobileCash , (MCRN) MACRON , (MEC) Megacoin , (MED) MediterraneanCoin , (MEME) Pepe , (MEOW) Kittehcoin , (MER) Mercury , (METAL) MetalCoin , (MG) Mind Gene , (MGM) Magnum , (MI) Xiaomicoin , (MILO) MiloCoin , (MINT) Mintcoin , (MLN) Melon , (MMXVI) MMXVI , (MND) MindCoin , (MNM) Mineum , (MOIN) Moin , (MOJO) MojoCoin , (MONA) MonaCoin , (MONETA) Moneta , (MONEY) MoneyCoin , (MOON) Mooncoin , (MOTO) Motocoin , (MSCN) Master Swiscoin , (MST) MustangCoin , (MTLMC3) Metal Music Coin , (MTM) MTMGaming , (MUE) MonetaryUnit , (MUG) MikeTheMug , (MUSE) MUSE , (MUSIC) Musicoin , (MXT) MarteXcoin , (MZC) MazaCoin , (NAUT) NautilusCoin , (NAV) NAV Coin , (NBE)

BitCentavo , (NBIT) netBit , (NEOS) NeosCoin , (NET) NetCoin , (NETKO) Netko , (NEU) NeuCoin , (NEVA) NevaCoin , (NEWB) Newbium , (NKA) IncaKoin , (NLC2) NoLimitCoin , (NLG) Gulden , (NMC) Namecoin , (NOBL) NobleCoin , (NODC) NodeCoin , (NOTE) DNotes , (NSR) NuShares , (NTCC) Neptune Classic , (NTRN) Neutron , (NVC) Novacoin , (NXC) Nexium , (NXS) Nexus , (NXT) Nxt , (NYAN) Nyancoin , (NYC) NewYorkCoin , (OBITS) OBITS , (OCEAN) BurstOcean , (OCOW) OCOW , (OK) OKCash , (OMC) Omicron , (OMNI) Omni , (OP) Operand , (OPAL) Opal , (OPES) Opescoin , (ORB) Orbitcoin , (ORLY) Orlycoin , (OS76) OsmiumCoin , (P7C) P7Coin , (PAC) Paccoin , (PAK) Pakcoin , (PANGEA) Pangea Poker , (PASC) Pascal Coin , (PASL) Pascal Lite , (PAYP) PayPeer , (PBC) PabyosiCoin , (PCS) Pabyosi Coin (Special) , (PDC) Project Decorum , (PDG) PinkDog , (PEPECASH) Pepe Cash , (PEX) PosEx , (PHO) Photon , (PHS) Philosopher Stones , (PIE) PIECoin , (PIGGY) Piggycoin , (PINK) PinkCoin , (PIO) Pioneershares , (PIP) PipCoin , (PIVX) PIVX , (PIZZA) PizzaCoin , (PKB) ParkByte , (PLNC) PLNcoin , (PLU) Pluton , (PND) Pandacoin , (POKE) PokeCoin , (PONZI) PonziCoin , (POP) PopularCoin , (POST) PostCoin , (POSW) PoSW Coin , (POT) PotCoin , (PPC) Peercoin , (PR) Prototanium , (PRC) PRCoin , (PRES) President Trump , (PRM) PrismChain , (PRX) Printerium , (PSB) Pesobit , (PSY) Psilocybin , (PTC) Pesetacoin , (PULSE) Pulse , (PUT) PutinCoin , (PWR)

Powercoin , (PX) PX , (PXC) Phoenixcoin , (PXI) Prime-XI , (QBC) Quebecoin , (QBK) Qibuck , (QBT) Cubits , (QCN) QuazarCoin , (QORA) Qora , (QRK) Quark , (QTL) Quatloo , (QWARK) Qwark , (RADS) Radium , (RAREPEPEPRTY) Rare Pepe Party , (RBIES) Rubies , (RBT) Rimbit , (RBX) Ripto Bux , (RBY) Rubycoin , (RC) RussiaCoin , (RCN) Rcoin , (RDD) ReddCoin , (RED) RedCoin , (REE) ReeCoin , (REP) Augur , (REV) Revenu , (RHFC) RHFCoin , (RIC) Riecoin , (RICHX) RichCoin , (RIDE) Ride My Car , (RISE) Rise , (RLC) RLC , (RNS) Renos , (ROUND) Round , (ROYAL) RoyalCoin , (RPC) RonPaulCoin , (RUBIT) RubleBit , (RYCN) RoyalCoin 2 , (SAFEX) Safe Exchange Coin , (SAK) Sharkcoin , (SANDG) Save and Gain , (SATOSHICARD) SATOSHICARD , (SBD) Steem Dollars , (SC) Siacoin , (SCORE) Scorecoin , (SCOT) Scotcoin , (SCRT) SecretCoin , (SDC) ShadowCash , (SDP) SydPak , (SEQ) Sequence , (SFC) Solarflarecoin , (SH) Shilling , (SHELL) ShellPay , (SHIFT) Shift , (SHORTY) Shorty , (SIB) SIBCoin , (SJCX) Storjcoin X , (SKC) Skeincoin , (SKR) Sakuracoin , (SKY) Skycoin , (SLFI) Selfiecoin , (SLG) Sterlingcoin , (SLING) Sling , (SLR) SolarCoin , (SLS) SaluS , (SMC) SmartCoin , (SMLY) SmileyCoin , (SNGLS) SingularDTV , (SNRG) Synergy , (SOAR) Soarcoin , (SONG) SongCoin , (SOON) SoonCoin , (SOUL) SoulCoin , (SPACE) SpaceCoin , (SPEX) SproutsExtreme , (SPHR) Sphere , (SPORT) SportsCoin , (SPR) SpreadCoin , (SPRTS) Sprouts , (SPT) Spots , (SRC) SecureCoin ,

(START) Startcoin , (STEEM) Steem , (STEPS) Steps , (STRAT) Stratis , (STRB) SuperTurboStake , (STS) Stress , (STV) Sativacoin , (SWIFT) Bitswift , (SWING) Swing , (SWT) Swarm City , (SXC) Sexcoin , (SYNX) Syndicate , (SYS) SysCoin , (TAAS) TaaS (Pre-Launch) , (TAG) TagCoin , (TAGR) TAGRcoin , (TAJ) TajCoin , (TALK) BTCtalkcoin , (TCOIN) T-coin , (TCR) TheCreed , (TEAM) TeamUp , (TEK) TEKcoin , (TELL) Tellurion , (TERA) TeraCoin , (TES) TeslaCoin , (TESLA) TeslaCoilCoin , (TGC) Tigercoin , (THC) HempCoin , (THS) TechShares , (TIC) True Investment Coin , (TIME) Chronobank , (TIPS) FedoraCoin , (TIT) Titcoin , (TIX) Tickets , (TKS) Tokes , (TLE) Tattoocoin (Limited Edition) , (TODAY) TodayCoin , (TOKEN) SwapToken , (TOR) Torcoin , (TP1) KolschCoin , (TRC) Terracoin , (TRI) Triangles , (TRICK) TrickyCoin , (TRIG) Triggers , (TRK) Truckcoin , (TROLL) Trollcoin , (TROPTIONS) TROPTIONS , (TRST) WeTrust , (TRUMP) TrumpCoin , (TRUST) TrustPlus , (TSE) Tattoocoin (Standard Edition) , (TSTR) Tristar Coin , (TTC) TittieCoin , (TX) TransferCoin , (U) UCoin , (UBQ) Ubiq , (UFO) UFO Coin , (UIS) Unitus , (UNB) UnbreakableCoin , (UNC) UNCoin , (UNI) Universe , (UNIBURST) UniBURST , (UNIC) UniCoin , (UNIT) Universal Currency , (UNITS) GameUnits , (UNITY) SuperNET , (UNO) Unobtanium , (UR) UR , (URC) Unrealcoin , (URO) Uro , (USC) Ultimate Secure Cash , (USDT) Tether , (USNBT) NuBits , (UTA) UtaCoin , (UTC)

UltraCoin , (VAL) Valorbit , (VASH) VPNCoin , (VC) VirtualCoin , (VEC2) Vector , (VGC) VegasCoin , (VIA) Viacoin , (VIDZ) PureVidz , (VIP) VIP Tokens , (VISIO) Visio , (VLT) Veltor , (VLTC) Vault Coin , (VOX) Voxels , (VPRC) VapersCoin , (VRC) VeriCoin , (VRM) VeriumReserve , (VRS) Veros , (VSL) vSlice , (VTA) Virtacoin , (VTC) Vertcoin , (VTR) vTorrent , (VTY) Victoriouscoin , (WA) WA Space , (WARP) WARP , (WAVES) Waves , (WAY) WayGuide , (WBB) Wild Beast Block , (WCT) Waves Community Token , (WDC) WorldCoin , (WEC) Wowecoin , (WEX) Wexcoin , (WGC) World Gold Coin , (WGO) WavesGo , (WINGS) Wings (Pre-Launch) , (WMC) WMCoin , (WORM) HealthyWormCoin , (WOW) Wowcoin , (WSX) WeAreSatoshi , (WYV) Wyvern , (X2) X2 , (XAS) Asch , (XAU) Xaucoin , (XAUR) Xaurum , (XBB) Boolberry , (XBC) Bitcoin Plus , (XBTC21) Bitcoin 21 , (XBTS) Beatcoin , (XBY) XtraBYtes , (XCI) Cannabis Industry Coin , (XCN) Cryptonite , (XCO) X-Coin , (XCP) Counterparty , (XCRE) Creatio , (XCT) C-Bit , (XDE2) XDE II , (XDN) DigitalNote , (XEM) NEM , (XEN) Xenixcoin , (XFC) Forevercoin , (XGR) GoldReserve , (XHI) HiCoin , (XID) International Diamond , (XJO) Joulecoin , (XLM) Stellar Lumens , (XLR) Solaris , (XMG) Magi , (XMR) Monero , (XMY) Myriad , (XNG) Enigma , (XOC) Xonecoin , (XOT) Internet of Things , (XP) XP , (XPD) PetroDollar , (XPM) Primecoin , (XPTX) PlatinumBAR , (XPY) PayCoin , (XQN) Quotient , (XRA) Ratecoin , (XRB)

RaiBlocks , (XRC) Rawcoin , (XRE) RevolverCoin , (XRP) Ripple , (XSPEC) Spectrecoin , (XST) Stealthcoin , (XSTC) Safe Trade Coin , (XTC) TileCoin , (XTO) Tao , (XVC) Vcash , (XVE) The Vegan Initiative , (XVG) Verge , (XVP) Virtacoinplus , (XVS) Vsync , (XWC) WhiteCoin , (XZC) ZCoin , (YAC) Yacoin , (YASH) YashCoin , (YBC) YbCoin , (YES) Yescoin , (YOC) Yocoin , (YOG) Yogold , (ZBC) Zilbercoin , (ZCC) ZcCoin , (ZCL) ZClassic , (ZDASH) Zdash , (ZEC) Zcash , (ZEIT) Zeitcoin , (ZENI) Zennies , (ZER) Zero , (ZET) Zetacoin , (ZHS) Zcashshare , (ZNE) Zonecoin , (ZNY) Bitzeny , (ZOI) Zoin , (ZSE) ZSEcoin , (ZUR) Zurcoin , (ZYD) Zayedcoin